Adolf Wahrmund

Praktisches Handbuch der osmanisch-türkischen Sprache

Adolf Wahrmund

Praktisches Handbuch der osmanisch-türkischen Sprache

ISBN/EAN: 9783741172328

Hergestellt in Europa, USA, Kanada, Australien, Japan

Cover: Foto ©Andreas Hilbeck / pixelio.de

Manufactured and distributed by brebook publishing software (www.brebook.com)

Adolf Wahrmund

Praktisches Handbuch der osmanisch-türkischen Sprache

Praktisches Handbuch

der

osmanisch-türkischen Sprache

von

Dr. **Adolf Wahrmund**,
Docent der k. k. Universität Wien.

III. Theil:
Schlüssel.

Giessen.
J. Ricker'sche Buchhandlung.
1869.

Schlüssel

zur praktischen Grammatik

der osmanisch-türkischen Sprache

von

Dr. Adolf Wahrmund,
Docent der k. k. Universität Wien.

Enthält : Türkische Uebersetzung der deutschen Uebungsaufgaben in Transscription (Ollendorff'sche Methode); Transscription, Interlinearversion und Uebersetzung der türkischen Lesestücke.

Giessen.
J. Ricker'sche Buchhandlung.
1869.

Uebersicht des Inhalts.

I. Abtheilung.

Seite

Türkische Uebersetzung der deutschen Uebungen in Transscription 1—50

II. Abtheilung.
Transscription, Interlinear-Version und Uebersetzung der Lesestücke.

Hundert türkische Sprüchwörter, Transscription und Interlinear-Version . . . . 5—8
Deutsche Uebersetzung . . . . . 8—11
Schwänke Naṣreddins, Transscription und Interlinear-Version . 11—29
Deutsche Uebersetzung . . . . . 30—39
Englisch-türkischer Handelsvertrag vom 29. April 1861, Transscription und Interlinear-Version . . . . 40—67
Deutsche Uebersetzung . . . . . 67—78

Verbesserungen.

Abtheilung I, S. 9, Z. 6 v. o. statt naherlér lies nebirlér.
" S. 9, Z. 10 v. o. statt pildak lies palénk.
" S. 17, Z. 2 v. o. statt ufxumú lies úfxûmû.
" S. 21, Z. 12 v. o. statt qáribén lies qaribén.
" S. 29, Z. 15 v. u. statt júfxûgûbáfx lies júfxûjûbáfx.

Abtheilung II, S. 4, Z. 12 v. u. statt afxûm lies ûfxûm.
" S. 5, Z. 2 v. u. und S. 6, Z. 1 v. o. statt gemijf lies kemijf.
" S. 17, Z. 16 v. o. zu çarthá : arab. خَرْثَة‎ xarthá.
" S. 17, Z. 6 v. u. statt jejelém lies jejalím.
" S. 18, Z. 12 v. u. statt gil lies kûl.
" S. 25, Z. 16 v. u. statt werîrsîñîfx lies werîrsefîfu.
" S. 26, Z. 7 v. u. statt hedájé lies hedîjé.
" S. 58, Z. 8 v. o. statt a'tháaý lies l'tháaý.

Nachträge zur Grammatik.

S. 19, Z. 6. 8 v. u. *lies* : durch s, z. B. sïkr, lost'is.

Zu S. 300, §. 97 merke : Nach كه her qadár ki, نقدر كه ne-qadár ki *so sehr auch, so viel auch* kann auch der *Optativ* (Consecutiv) stehen : دشمن نه قدر كه ضعيف اولد اندن غافل المیدسن düschmén ne qadár-ki za'íf old, andán ghaflí ólmajásyn *so schwach auch der Feind sein mag, sei nicht sorglos vor ihm!*

Zu S. 406, Nr. 162 b merke : Sätze mit *anstatt dass* können übersetzt werden a) durch das *Gerundiv* auf ناجه *indsche* : z. B. بوش boush durúndscha bir ïschë meschghûl ol! طورناجه بر ایشه مشغول اول *anstatt dass du unthätig dasitzest, beschäftige dich (lieber) mit etwas!* بو كتابی اڭا ویرنجه بكا ویر bu kitáby aŋá werïndsche baŋá wer! *anstatt dass du das Buch ihm giebst, gib es (lieber) mir;* — b) durch den *Dativ des Verbal-Substantivs* auf جك : یازهجغنه اوقودی jasadschaghyná oqudú (für sein Schreibensollen d. h.) *anstatt dass er schreiben sollte oder geschrieben hätte, las er;* بو اتی كوترهجكڭده اقچهسنی كوترسكڭ دها مقبولی اولور bu atý gjötüredschejiŋë aqtschesiní gjütüredü, dahá maqbúli olŕ *wenn du, anstatt dies Pferd zu bringen, seinen Geldwerth brächtest, so wäre ihm das noch angenehmer.*

S. 413 nach a) Sach- und Beweggrund *füge hinzu* : Vgl. §. 269.

S. 415 nach b) der Absicht *füge hinzu* : Vgl. Nr. 125 d.

S. 424, Z. 1 v. u. *statt* dohát (Zehner) *lies* dihát (Dörfer).

I. Abtheilung.

Türkische Uebersetzung der deutschen Uebungen.

In Transscription.

Uebung 1*).

Ādém od. bir ādém. Bir ejí ādém. Oghlán od. bir oghlán. Bir eji oghlán. Qyfz od. bir qýfz. Bir güfzél qyfz. Taach od. bir táach. Bir qatý taach. Adém ejí-dir. Bir ejí ādém-dir. (5) Qyfz güfzél-dir. Bir güfzél qýfadyr. Scharâb n·lá-(a·lâ-)dyr. Bir a·lá scharâb-dyr. Gertschék-dir. Bu táach qatý-dyr. Bu oghlán chastá-dyr. Bu jalán-dyr. Bu bir chastá ādém-dir. Bu schehír pek ufzáq-dyr. Bu kjüj pek jaqýn-dyr. (10) Hawâ naβýl? Hawâ pek βu'úq-dur. Scharâb naβýl? Bu pek a·lú scharâbdyr. Bu oghlán pek büjük-dür. Bu qyfz pek külschíik-dür.

Uebung 2.

Hawâ βu'úq-mu? Chair efendím, hawâ βydscháq-dyr. Hawâ ne pék βu'úq ne pék βydscháq-dyr. Schehír jaqýnmy-dyr? Ewét ofendím, schehír pek jaqýn-dyr. Kjöj ufzáq-my? Chair efendím, (5) kjüj ne pék jaqýn ne pék ufzáq-dyr. Bu scharâb naβýl? Bu scharâb ne ejí no fenádyr. Ew büjük-mü-dür? Bu éw ne pék büjúk, ne pék külschúk-dür. Schu gjörünén né-dir? Schu gjörünén éwdir. Gortschék-mi? (10) Ewét efendím, βahíh-dir. Chair efendím, münıkín dejíl, ew dejíl-dir, tásch-dyr. Tschorbá hāzír dejíl-mi? Ewét efendím, hāzír-dir. 'Arabá †) hāzír-

---

*) Diese Transscriptionen können auch vom Anfänger leicht in die arab. Schrift umgesetzt werden. — Zum Akzent. In den Zusammenziehungen mit اَلْ لـَ mit, wie benim'lé mit mir, anjü'lá mit ihm, ruht auf dem ersten Akzent der Haupttont. — لَدَ dahá und, auch ist fast tonlos. — †) اربة.

mi? Chair efendím, ḥāźír dejű-dir. Sirkó keskín-mi? Sirkó pek keskín-dír. (15) Tschohá pek pahalý-dyr. Bu nó-dir? Dilmóm. Ne sä́át-dyr? Bilmóm. Sä́át bóschdir. Sä́át ón-dur.

Uebung 3.

Qyſz qardásch neredó-dir? Oda-dá-dyr. Chair efendím, oda-dá dejíl-dir. Maghāſza-dá-dyr. Chödschá neredódir? Dilmóm. Mektebe-dó dejíl-dir. Babá neredó-dir? Schchir-dó-dir. (5) Kjöj-dó dejíl-dir. Sä́át qalach-dá-dyr schindí? Sä́át on butschúq. Sä́át bír-mi-dir? Ewót efendím, tamām bir sä́át-dyr. Chair efendim, sä́át bir butschúq. Sä́át bír bir tschejrók. Hawá naβýl? Hawá βu‘úq-dur. Hawá βydschúq-my? (10) Chair efendím, pek műlā'ím hawá war. Rufzgjár βu‘úq-mu? Ewót efendím, pek βu‘úq rufzgjár war. Já hû! bir kimsó wár-my? Bir kimsó joq. Maghāſza-dá bir kimsó jóq-mu? Maghāſza-dá bir kimsó-joq. Aná odn-dá-dyr. Jeñí-dón ne wár, ne jóq? (15) Jeñí-dón bir schéj joq. Bundá mejchānó wnr? Ewót efendím, wárdyr. Chair efendím, jóq-dur. Ne chabér? ne wár ne jóq? Bir schéj bilmóm.

Uebung 4.

I. Ew-íñ bűjük-mű? Ewót efendím, ew-ím pek bűjükdűr. Ew-íñ neredó-dir? Ew-ím schebir-dó-dir Schu gjörűnón nó-dir? Schu gjörűnón ew-ím-dir. Hanjá jaghmurlugh*)-úñ? (5) Jaghmurlugh-úm ew-dó-dir. Hanjá gjömlej-ím? Gjömlej-ím oda-dá-dyr. Ischtó bundá! Kejſíñ eji-mi? Schükúr, kejf-ím pek ejí-dir. Bu kim-dir? Poder-ím dir? Peder-íñ halá βágh-my? Schükúr, peder-ím (10) halá βágh-dyr. Biräder-íñ ew-dó-mi-dir? Biräder-ím

*) يغمورلغ Hegermantel.

ew-dé dejíl-dir. Birāder-ím kjöj-dé-dir. Bu kím-dir?
Qyſz qardaach-ým-dyr. Qyſz qardaach-ýñ maghāſza-dá-dyr.
Hanjá qylydach-ým? Qylydach-ýñ odn-dá-dyr. Ischtó
bundá. Qonagh-ýñ *) neredó-dir? (15) Qonagh-ým jaqýn-
dyr. Uſzáq dejíl-dir. Qonagh-ýñ büjük dejíl-mi-dir?
Qonagh-ým ne pék büjük, ne pék kütschük-dür. Qalpagh-
ýñ büjük-mü? Qulpagh-ým pek kütschük-dür. Jol-úm
naβýl? Jol-úñ ſená dejíl-dir.
II. Hanjá benisch-í (jaghmurlugh-ú)? Ischtó bundá.
Bu né-dir? Gjömloj-í dir. Ew-í neredé-dir? Ew-í ne pék
uſzáq, no pék jaqýn-dyr. Schu gjörünén né-dir? Schu
gjörünén ew-í-dir. (5) Benisch-í (jaghmurlugh-ú) büjük
dejíl-mi? Benisch-í kütschük-dür. Kejf-í naβýl? Kejf-í
pek ojí-dir. — Qonagh-ý neredé-dír? Qonagh-ý schchir-dó
dir. Bu né-dir? Qalpagh-ý-dyr. Bāgh-ý büjük mü?
Bāgh-ý büjük dejíl-dir. (10) Hanjá qylydach-ý? Ischtó
bundá. Jol-ú ejí-mi? Chair efendím, jol-ú pek ſoná-dyr.
Birāder-í neredé-dir? Birāder-í ew-dé dejíl-dir; bilmóm
neredé-dir.
III. Bu kím-dir? Birāder-imíſz-dir. Birāder-iñíſz ejí
we chósch-mu? Schükür, birāder-imíſz ejí we chósch-dur.
Peder-iñíſz hālá βágh-my? Schükür, peder-imíſz hālá ejí we
chósch-dur. Kejſ-iñíſz naβýl? (5) Hamd olsún, kejf-imíſz
ejí we chósch-dur. Peder-iñíſz wālide-ñíſz ejí βaghlyq-dá-
my-dyr? Beli, hamd olsún! Ew-iñíſz uſzáq-my? Ew-
iñíſz ne pék jaqýn, ne pék uſzáq-dyr. Qonagh-yñýſz neredé-
dir? Qonagh-ymýſz uſzáq-dyr. (10) Bu né-dir? Qal-
pagh-ymýſz-dyr. Bāgh-yñýſz jaqýn-my-dyr? Ewét efendím,
bāgh-ymýſz pek jaqýn-dyr. Jol-umúſz ſená-my? Jol-uñúſz
ne pék ejí ne pék ſená-dyr. Kitāb-yñýſz pahalý-my? Kitāb-
ymýſz pek pahalý-dyr. Scharāb-yñýſz naβýl? (15) Scharāb-

---

*) قصر ist *Palast, grofses Haus*, dann *Wohnung* überhaupt.

ymýfz pek a'lá-dyr. Ischbú bāgh-ymýfz-dyr. Ischbú kitāb-yñýfz-dyr. Ischbú jol-uñúfz-dur. IV. Babá-ñ neredé-dir? Babá-m ew-dé-dir. Aná-ñ neredé-dir? Aná-m ew-dé dejíl-dir; bilmám neredé-dir. Wālidá-ñ bāghtsche-dé-dir. Pendscheré-ñ būjük-mū? (5) Pendscheré-m kütschük-dür. Qapú-ñ kütschük-mū? Qapú-m būjük-dür. Familiá-ñ ejí βaghlyq-dá-my-dyr? Hamd olsún! familiá-m ejí we chósch-dur. — Wālide-sí hālá βágh-my? Wālide-sí hālá ejí we chósch-dur. Pendschere-sí kütschük dejíl-mi? (10) Pendschere-sí būjük dejíl-dir. Bende-sí neredé-dir? Bende-sí schchir-dé-dir. — Bu kim-dir? Baba-sý-dyr. Ana-sý neredé-dir? Ana-sý maghāfza-dá-dyr. Familia-sý neredé-dir? Familia-sý bāghtsche-dé-dir. Qapu-sú jnqýn-my? (15) Qapu-sú pek ufzáq-dyr. Ischbú qapu-sú-dur. — Dewe-mífz neredé-dir? Dowe-ñífz jol-dá-dyr. Bende-mífz ejí-mi? Bende-ñífz ejí-dir. Baba-ñýfz hālá βágh-my-dyr? Schükür! baba-mýfz hālá βágh-dyr. Familia-ñýfz (20) ejí βaghlyq-dá-my-dyr? Hamd olsún! familia-mýfz pek ejí βaghlyq-dá-dyr.

Uebung 5.

Qarnýñ ádsch-my-dyr? Chair efundím, qarnýın ádsch dejíl-dir. Qarný ádsch dejíl-mi? Ewét, qarný ádsch-dyr. Qarnyñýfz ádsch-my-dyr? Chair, qarnymýfz ádsch dejíl-dir. — Schu āt senín-mi-dir? Ewét, schu āt bením-dir. (5) Bu kitāb seníñ dejíl-dir. Bu kitāb bením-dir. Schu bāghtsché sifziñ dejíl-mi? Chair, schu bāghtsché bifzím dejíl-dir. Schu bāghtsché anlarýñ-dyr. — Bu senfñ pederíñ-mi-dir? Ewét, bu bením pederím-dir. Szejnób senfñ wālidéñ-mi-dir? Chair, Szejnób bením anám dejíl-dir. (10) 'Amr anýñ qardaschý dýr-my?*). Ewét, 'Amr anýñ qardaschý-dyr. Hind

---

*) 'Amr anýñ qardaschý-my-dyr? heifst: Ist Amru sein Bruder (od. vielleicht sein Vetter)?

sifzíñ qyfz-qardaschyñýfz-my-dyr? Chair, Hind bifzím qyfz-qardaschymýfz dejfl-dir. Hind anlaryñ qyfz-qardaschý-dyr. Bu dewé seniñkí dír-mi? Ewét, bu dewé benimkí-dir. Bu bendé anyñkí dír-mi? Chair, anyñkí büjük-dür. (15) Bu ew anyñkí dejfl-mi? Chair, anyñkí kütschük-dür. Bu bâgh sifziñkí-mi-dir? Chair, bu bâgh bifzimkí dejfl-dir; bifzimkí kütschúk-dür. Bu ât anlaryñkí dejfl-dir; anlaryñkí büjük-dür.

Uebung 6.

I. Babáñ wár-my? Babám war. Anáñ-wár-my? Anám jóq-dur. Aqtschéñ wár-my? Aqtschém war. Chair efendím, aqtschém jóq-dur. Ekmejím wár-my? Ekmejíñ jóq-dur. (5) Schnrábýñ war. Ekmejí wár-my? Ejí ekmejí war. Bejâz kjâghidí wár-my? Ewét efendím, bejâz kjâghidí war. Odn-sý wár-my? Ewét efendím, bir pek gúfzél odasý wár-dyr. Ewlâdý wár-my? Chair efendím, owlâdý jóq-dur. Tütünü wár-my? Jóq-dur. Bením dahá jóq-dur. Etíñ wár-my? Jóq-dur. Benim dahá jóq-dur. War-ý-ıny-dyr? Warý-dyr.

II. Bir büjük odañýfz wár-dyr. Ejí tütünümúfz wár-my? Chair efendím, jóq-dur (joquñúfz-dur). Bifzím dahá jóq-dur. Waryñýfz-my-dyr? Warymýfz-dyr. (5) Ewlâdyñýfz wár-my? Ewét efendím, ewlâdymýfz wár-dyr. Qatsch tschodschughuñúfz war? Altý tschodschughumúfz wár-dyr. Oghlán-my qýfz-my? Dört oghlanymýfz war we ikí qyfz. Qardaschlaryñýfz wár-my? Qardaschlarymýfz jóq-dur. Ikí qardaschymýfz war we ütsch qyfz qardásch. (10) Qatsch éwíñífz war? Jedí ewimífz wár-dyr. Qatsch atymýfz wár? Doqúfz atyñýfz war. Qatsch bâghlarý*) war? Ikí bâghlarý war we ütsch ew. Tschodschuq-larý

---

*) Vgl. Gramm. §. 150.

war? (15) Sekifz oghlan-larý war we besch qyfz. Qatsch
ai-larý war? Doqúfz.

III. Haqq-ým wár-my? Belí, ḥaqq-ýñ war. Chair,
ḥaqqýñ jóq-dur. Haqqý jóq-mu? Belí, ḥaqqý war. Haqq-
ayfzlyghý jóq-mu? Belí, ḥaqqý joq. Haqqymýfz jóq-mu?
Chair, ḥaqqyñýfz joq. Haqq-larý jóq-mu? (5) Belí, ḥaqq-
larý war. Adsch-ýñ wár-my? Ewét, ādsch-ým war. Adschý
wár-my? Chair, ādschý joq. Adschyūýfz wár-my? Ewét,
ādschymýfz we βūsufzlughumúfz war. βūsufzlughuñúfz wár-
my? Chair, βūsufzlughumúfz joq. Adsch-larý wár-my?
Chair, (10) ādsch-larý joq, βūsufzlaq-larý war. Ischtihā-larý
wár-my? Ewét, ischtihā-larý war. Ischtihāñ wár-my?
Chair, ischtihām jóq. Anýū ischtihāsý war. Waqytýñ wár-
my? Ewét efendím, waqytým war. Waqytý wár-my?
Chair, waqytý joq; tschoq ischí war. Waqytyñýfz wár-my?
Chair efendím, waqytymýfz joq; tschoq ischimífz war.

IV. Kejf-íñ wár-my? Schūkür, kejf-ím war. Kejfíñ
jóq-mu? Belí, kejfím joq. Né-dir kejfeifzlijíñ? Yβytmám
war. Chastá-my-dyr? Ewét, chastá-dyr. Né-dir chasta-
lyghý? (5) Yβytmasý wár-my? Chair, yβytmasý joq;
ökeürüjú war. Okeürújūñúfz wár-my? Ewét, ökeürújümúfz
war. Kejfeifzlik-lerí wár-my? Ewét, kejfeifzlik-lerí war;
ökeürük-lerí war. Chair, ökeürtiklerí joq, yβytmalarý war.
Milk-iñífz we māl-yūýfz wár-my? Ewét, (10) milk-imífz
we māl-ymýfz war. Jóq-dur. Baba-larý we ana-larý wár-
my? Chair, baba-larý we ana-larý jóq-dur.

Uebung 7.

I. Tabaqlár bósch-dur. Qyfzlár géndsch-mi dirlér?
Qyfzlár géndsch dirlér. Tawuqlár arýq-my dyrlár? Chair,
tawuqlár arÿq dejíl-dirlér. Jüklér aghýr-my-dyr? Ewét,
bu jüklér aghýr-dyr. Ewlér jüksék-mi-dir? (5) Ewét,

ewlér jüksék-dir. Chair, altscháq dyrlár. Tschodschuqlár büjük-mü-dürlér? Chair, kütschük dürlér. Bu jalán schejlér-dir. Bu adschý süfzlér-dir. Mendīl'lér bejáz-my-dyr? Chair, mendīl'lér βarý-dyr. Tabaqlár bejáz-dyr. Pantalōnlár (10) dár-my-dyr? Chair, pantalōnlár ból-dur, qol'lár pek dár-dyr. Tūná we Nil mesch'hūr naherlér dir. Mußthafá we Mahmūd büfzirgján - dyr. Hind-oghlú we Gūfzel-oghlú ulemá-dyr. Hind we Szejnéb güfzél fzenlér-dir. Mahmūd we Muhamméd güfzél ádemlér-dir. (15) Arslán we qurt haiwán-i mūfterís-dir. Bu pildánk we bu gergedán mehábetlí hniwānlár-dir. Ne Hind we né Szejnéb benim qyfzqardaschým dejīl. Ne Fāthimé we né Lejlá benim ḥūkèm (fūr chālém) dejīl. Ne Hasán we né Mūsá müdschtchíd dejīl.

II. Qardaschlarýū neredé dirlér? Qardaschlarým Qostantinījjedé dirlér we qyfz-qardaschlarým Edrene-dé. Schāgirdlér neredé dirlér? Schāgirdlér we chōdschalár mektebdó dirlér. Qardaschlarýū we qyfz-qardaschlarýū ewdé dirlér-mi? Ewét, ewdé dirlér. Chair, (5) ewdé dejīl-dirlér; bilmém, neredé dirlér. Ewládyñ wár-my? Ewládymýfz joq. Hanjá pābūdschlár? Pābūdschlarýñ odadádyrlár. Hanjá qaschyqlár, tschatal'lár, bytschaqlár? (10) Mathbach-dá*). Ejí chaberlér wár-my? Belí, ejí chaberlér war. Chair, bítsch bir hawādíf joq. Buradá olán **) né aghádsch-dyr? Bunlár bütün jemísch-aghadschý dyr; pek güfzél aghadschlár-dyr. Bu tschitscheklér güfzél-mi-dir? Bu tschitscheklér pek güfzél-dir. (15) Bu tschorablár delík-mi-dir? Ewét, delík-dir. Gjömleklér kirlí-midir? Chair, kirlí dejīl-dir; tschorablár we pantalōulár kirlí-dir. Chismetkjárlaryñýfz wár-my? Belí, dört chismet-

---

*) مطبخ‎ máthbach arab. *Küche*, türk.-vulg. *mutfak.* — **) بورادا‎ اولان‎ wörtl. *das hier Seiende.*

kjārymýſz war. Chişmelkjârlaryñýſz tschalyschqán-mydyrlár? Chair, tembél-dirlér. Tschoq (20) ewlādý*) wármy? Chair, efendím, jalyōýſz bir qyſzý war.

Uebung 8.

Neredó sin sen? Magbāſza-dá-jym. Neredé-jim? Odadá syn. Neredé sinlſz sifz? Bāghtschedó-jiſz. Neredé dirlér? Ischtó buradá dyrlár. Nidschó sin? Bir áſz żnīſim. (5) Qatsch jaschyndá syn? Jirmí jaschyndá-jym. Nidschó-dir? Kejfslſz-dir. Qatsch jaschyndá-dyr? Otúſz jaschyndá-dyr. Nó ālemdé siñlſz? Schūkúr, pek ejl we chósch ufz. Bachtlý-my syn? Ben pek bachtlý-jym. Choschnúd-mu-suñúſz? Choschnúd-ufz. (10) Tschoq ikrāmdschl siñlſz. Siſz pek 'açlm-siñlſz. Sen nāzīr-mi sin? Qulunúſz um, terdschümân ym. Bāſzirgjân-my syōýſz? Biſz mūhendis iſz. Bendé-mi siñlſz? Chair, biſz kjātlb iſz. Siſz chyrsýſz syōýſz.

II. Ne ālemdó siñlſz? Pek βagh dejū-iſz. Hāzīr-misiñlſz? Ilāzīr dejil-iſz. Dargún-mu-sun? Chair, dargún dejū-im. Bachtlý dejū-mi-siñlſz? Biſz bachtlý dejū-iſz. Sen (5) serchōsch sun. Chair efendím, serchōsch dejū-im. Meschghūl dejīl-mi-siñlſz? Chair, meschghūl dejil-iſz. Bunlár kimlér-dir? Zābīth dirlér. Schu efendī dāchilījjémūschīrí dejīl-mi? Chair, chāridschījjé mūschīrí-dir. Bu kīm-dir? (10) 'Askér-mūschīrí dir. Chair, ser-i 'askér dir. Schunlár 'askér-mi-dir? Chair, mūsteschār dyrlár. Schu efendī mīr-alāy-my-dyr? Chair, βadr-i a'çém dir. Siſz kjātib dejīl-mi-siñlſz? Chair, biſz żābīth iſz. Mahſzūn-musuñúſz? Chair, mahſzūn dejū-iſz, biſz (15) dilschâd-yſz.

---

*) Der arab. Plural enlād wird hier als Sing. behandelt; جلاسشلار rührig, fleißig.

Bu kjåtiblér oqumúsch durlár, ænmå faqír. Kütschúk tschodschuqlár 'ináďdschý dyrlár. Tombél schägirdlér muqnjjéd dejíl-dir. Bifz inβåñý-jyfz. Sifz quwwetlí dejíl-sinífz. Sifz ghairetlí sinífz, ænmå sewgülü dejíl-sinífz. Bifz fzenghín (mäl'lý) dejíl-ifz.

Uebung 9.

I. Sañá yβý-my-dyr? Ewét, bañá yβý-dyr. Chair, bañá βu'úq-dur. Sañá βu'úq-mu-dur? Ewét, bañá βu'úq-dur. Chair, bañá yβý-dyr. Añá yβý-my-dyr? Chair, añá βu'úq-dur. Bu kitåb bifzé näff'-mi-dir? (5) Chair, bu kitåb sifzé żararlý-dyr, ammå bifzé näff'-dir. Sifzé né lãfzímdir? Bifzé aqtschó lafzím-dir. Anlará nó lãfzím-dir? Anlará jaghmúr lãfzím-dir. Aqtschó bifzé näff'-dir, ammå anlará żararlý-dyr. Suñá-my bordschlú-jum? Sen bañá bordschlú sun. (10) Hasán sañá bordschlú-mu-dur? Chair, Hasán bañá bordschlú dejíl-dir; lakín 'Omór bañá bordschlúdur. Bañá-my bordschlú suñúfz? Chair, añá bordschlújufz. Sífz-mi bañá bordschlú suñúfz. Chair, bunlár sañá bordschlú-durlár; bifz sañá bordschlú dejíl-ifz. (15) Bir emr-ίü wár-my-dyr bañá? Pek memnün um sañá. Bañá redschåñýfz-my-dyr? Belí, sifzé redschã-mýfz-dyr. Chair, sifzé redschämýfz dejíl-dir; lakín añá redschämýfz-dyr.. Pek ikrãmdschý sinífz. Pek memnün-ufz sifzé.

II. Né istérsinífz efendím? Bir jaghlýq wer bañá! Bujurúñ efendím? Bir gjömlék wer bañá! Tschorablár we påbüdschlár wer bañá! Bir bejåż mendil wer bañá! Bu tschorablár (5) kirlí-dir; temífz tschorablár wer bañá! Né istérsinífz? Bir åfz βäbün we bir åfz yβý βü getír bañá! Bujurúñ efendilerím? Qa'hwedschí, bifzé ikí findschån qa'bwé ilé ikí närgílé getír. Pek ejí, efendilerím! Oghlán, bañá bir åfz (10) tåfzé βü getír! Oghlán, bañá tütün gotír!

Pek eji, efendím! Âl sañá bachachlach! Ej wallâh efendím! Bilzé nârgbllé wer we bir qadéḥ puntach getír!

III. Bujurûñ efendím? Kürk-ü wer! Tachorablar-ý wer! Tachorablarym-ý wer! Schu pābūdachlar-ý wer! Gjörnlejim-í wer! Schu temífz gjömlej-í wer. Kürkümü âl! (5) Bu kirlí tachorablarý âl! Bu qalpaghý âl sañá! Schu aä'atý âl sañá! Pābūdachlarymý âl we tachifzmelerimí *) getír! Schu achamdāný **) getír! Qapujú qapú! Pendachereleri qapú! Perdeleri atach. Pendacherejí atach! Qapularý atach! (10) Pantalōnlarymý süpürüwór! Bu setri-jí süpürüwór! Odhalarý süpürüwór! Sä'atymý qur! Qayghý tut! 'Araba-jý tut! Berberí tachaghýr! Sürüdachüjü tachaghír! Já sürüdachû, ätlarý tut we chân-βāḥibiní tachaghýr!

Uebung 10.

I. Nó istérsiñífz? Tachifzmelerimí getír bañá! Tachorablaryñyfzý istérmisiñífz? Belí, pābūdachlarymý-da. Pantalōnlaryñyfzý istérmisiñífz? Belí, boyun-baghymý †)-da. Nārgtlehifzí istérmisiñifz? Belí, (5) tütünümü-do. Ne bujurúraufufz? Átóach qo(jaq) we bir áfz βû yβýt! Tachorablár ilé bir bejáż mendíl getír! Qaldm ilé kjäghít wer! Mürekkéb ††) ilé qalóm-t'räach getír! — (10) Schehir-íñ ewler-í jüksék-dir. Ana-nýñ mifzādach-ý nidachó-dir? Anañ-ýñ mifzādach-ý pek ejí-dir. Qapuñufz-úñ anachtär-ý neredé-dir? Qapumufz-úñ anachtär-ý βandyq-dá-dyr. Chödacha-nýñ achägirdler-í tembél-mi-dirlér? Bu kím dir? Dôatum-úñ oghl-ú-dur. (15) Kim-íñ oghl-ú bú-dur? Bekr-íñ dôatu-

---

*) چزمه a. جزمه. — **) Für schem'adân شمعدان. —
†) بیورن باغی boydn-bagh-ý Hals-Binde. — ††) مرکّب arab.

nún oghl-ú dur. Kim-íñ qonagh-ý bú-dur? Qádhī-níñ qonagh-ý-dyr.

II. Bu odanýñ taqym-ý güfzél dejíl-mi-dir? Bu odalarýn taqymý pek güfzél we pek pahalý-dyr. Bu bāghtscheníñ kirā-eý né-dir? Āydá qyrq ghorúsch. Bu schehiríñ qādhīsí (v. qāzyeý) kím-dir? (5) Bu schehiríñ qādhīníñ ewí neredé-dir? Bu ādemíñ babasý kím-dir? Bu ādemíñ babasý paschanýñ dōstunúñ qardaschý-dyr. Schu ātlarýñ 'adedí né-dir? Schu ātlarýñ 'adedí júfz-dūr. (10) Bu qādhīníñ ḥukmú inβāflý-my-dyr? Bu qādhīníñ ḥukmú rewûn-dyr. Bu bāfzirgjānýñ fā'ide-sí būjük-mü? Bu bāfzirgjānýñ fā'idesí pek 'açím-dir, ammā fā'idé zararýñ qardnschý-dyr. Kimíñ ischí bú-dur? (15) Bu qulúñ ischí-dir. Bu schchiríñ ewleriníñ 'adedí né-dir? Bu chōdschanýñ schāgirdleriníñ 'adedí altmýsch-dyr. Bu kitābýñ βaḥífeleriníñ 'adedí né-dir? Bu bāfzirgjānýü sefīneleriníñ 'adedí jirmí-dir.

III. Bu ewíñ qatsch odasý wár-dyr? Bu ewíñ ütsch qat-ý wár-dyr, we her qatýñ besch odasý war. Pederiñifi qatsch ewlādý war? Babamýñ jedí tschodschughú war. Sürüdschüvúñ qatsch ātý wár-dyr? (5) Sürüdschümüfzúñ bārgīrleriníñ*) dört re'esí war (vulg. Sürüdschümüfz-dé dört re'es bārgír war). Menfzildschimifzíñ**) bārgīrleriníñ jirmí re'esí war (v. Menfzildschimifz-dé jirmí re'es bārgír war). Bu türküñ ineklerinífi otúfz baschý war we βyghyrlarynýñ qyrq baschý (v. Bu türk-dé otúfz basch inék war we qyrq basch βyghýr). Serdārymyfzýñ toplarynýñ ellí qith'asý (v. qyz'asý) war (v. Serdārymyfz-dá ellí qith'á (qyz'á) top war). Bu bāfzirgjānýñ handscharlarynýñ altmýsch qabzesí war we merwarídleriníñ jetmísch dāne-sí (v. tānesí; od. Bu

---

*) بارکبیر bārgír pers., vulg. begír, bejgír Lastpferd, Postpferd. —
**) منزلجی .

bāſzirgjān-dá altmýsch qabéé handschár war we jetmísch üné
merwaríd). Qyrālyñyſzýñ *) qatsch schchirí wár-dyr?
Qyrālymyſzýñ qaβrlarynýñ seksén pāresí war we kjöjlerinſñ
doqsán pāresí. Pādischāliymyſzýñ (Sulthānyınyſzýñ) 'asker-
leriniñ jüſz biñ neferí war. Inghlíſz qyrālynýñ gemilerinſñ
besch jüſz pāresí war we toplarynýñ on biñ qith'asý. Bu
müsāfirſñ ghulāmlarynýñ **) on besch 'adedí war we βandygh-
larynýñ jirmí ütsch 'adedí. (15) Bir qatsch pilídsch ilé
jirmí bosch tānd jumurtá getſr bifzé! Bir qatsch pārtschá
odún getſr I ātésch qó-(jaq-)da bir áſz βû yɔýt! Né istérsiñíſz
efendím? Bir findschân tschây ilé bir pārtschá ckınék getſr
bañá! Né bujurúrsuñúſz? Ütsch, dört thabaqá kjāghít ilé
mürekkéb we qalóm we qalemtr'āschý getſr!

Uebung 11.

I. Babañá bir schéj lāſzím-mi? Babamá aqtsché
lāſzím-dir. Topraghá †) né lāſzím-dir? Topraghá jaghmúr
lāſzím-dir. Tschobaná né gerék-dir? Tschobaná ikí, ütsch
kjöpék gerék. (5) Ne-jé aqtsché lāſzím-dir? Her nesnejé
aqtsché gerék-dir. Bu efendijé bordschlú-mu-sun? Bu efen-
dijé bordschlú dejílim. Bu bāſzirgjānlará bordschlú-mu-
suñúſz? Bu bāſzirgjānlará bordschlú dejíliſz. Qādhījá-my
bordschlú-dur? (10) Ewét efendím, qādhījá bordschlú-dur.
Anajá bu kitābý getſr! Sürüdschüjé bach'schlsch wer!
Efendileré βandelyjelár getſr! Uschaghá ††) (oghlaná) bir
qadéh scharáb wer! Emriñíſzé ḥāźír-im sulthānýml Emri-
ñíſzé muthſr-iſz.

II. Qa'hweníñ oqasý qatschá? Besch ghuruschá †††).
Etíñ oqasý qatschá? Ütsch ghuruschá. Bādemíñ oqasý

— طويراق , طمراق († — .غلام (** — .) قبرال ,اقران (*
ghlrsch فرش .v. plur. arab. ghurúsch غروش (††† .— .اوشاق (††
Groschen, *Piaster*; türk. *ghurúsch* als Einsahl gebraucht.

qatschá? Dört párajá. Pek pahalý! Chair efendím, pahalý dejil-dir; (5) schunlár pek udschúfz-dur, oqaný ütsch párajá. Bu tschohanýű endáfze-ní qatschá? Jirmí ghuruschá. Bu befz-íñ arschīninī qatschá werlraiñífz? Né istérsiñífz endáfzesiné? Bu kiráfz pahalý-my-dir? (10) Nó istórsin oqasyná? — Bu taschý damá át! Git, bu mektúblarý postajá getíri Babamá söjló! Sä'át qatsch-dá-dyr? Sä'atyñá baq! Ikijé jaqýn-dyr. Ütschá tschejrék war. Dördé on ikí daqíqó war.

III. Bu gün aghá pederiñifzíñ mifzädschý naβýl-dyr? Schūkúr rabbíjá!*) chósch-dur; chismetiñifzó ḥāzír-ifz. Pederiñifzó machβúβ sclám ejlé! Pederiñifzíñ βaghlyghyná! (5) Saghlyghyñyfzá! Gel, jataghlarymyfzý jap! Jataghymý yβýt! Gel, bir loqmá dahá jé! Bir qadóḥ arpá βujú itsch! Gel, bir bnch'schtsch ál sañá! Jarýn gitmejó nījjetíñífz wármy? Ewét efendím, gitmejó nījjetím wár-dyr. (10) Qalmaghá**) nījjetí wár-my? Chair, qalmaghá nījjetí jóq-dur; jarýn gitmejó nījjetí war. Bir loqmá dahá jemók istérmisín? Bir qadéḥ arpá βujú itschmék istérmisíñífz? Bir findschán tscháy itschmék istórim.

Uebung 12.

I. Dä'imá meschgbúl-mu-suñúfz? Ewét βabāḥdán achschamá-dek meschghúl-ufz. Qatsch gündén berí bundásyn? Dört gündén berí bundá-jym. Bifz ütsch hastadán berí bundá-jyfz. Dūstlarým dört äydán berí Betsch-dé dirlór. (5) Qatsch sene-dén berí Istamboldá syñýfz? Jedí senedén berí. — Sifzé redschá-mýfz dyr, sulthánym! Bir hastadán βoñrá gelíñ! Ütsch hastadán βoñrá jafz bañá! — Bu

---

*) Arab. رَبِّي rabbī *mein Herr*, von رَبّ rabb. — **) Dativ v. قَالْمَاق qalmáq *bleiben*.

dschemā'et'dén besch nefér (neferí) meschhûr 'ulemā-dyr. (10) Bu 'askerlerdén her birí dscheeāretlí ādóm-dir. Jüfz ādemddn birí atschýq-dyr. Erkék jüfzdén doqsaný fzén-dir. Bu ādemíñ qyfz-qardaschlaryuýū birí paschanýñ qarysý-dyr. Bu serdārýñ zābithlarynýū nidscheeí pek meschhûr mübendislér-dir. Sürüdschú! tút-da eschjāmý (schejlerimí) 'arabadán tschyqár!

II. Bifzolja-dán-my joksá jer-olmasyndán-my istérsin? Bu laḫanadán istérim. Bundán āl sañá! Bu altýn sā'atý āl sañá! Bu sā'át altyndán dejíl-dir, gümüschdén-dir. Bu būlád fzendschírí āl sañá! (5) Bu fzendschír būlād-dán dejíl-dir, gümüschdén-dir. Chödschá sifzdén chochschnûdmu? Chödschá bifzdén pek choschnûd-dur. Bunlardán chödschamýfz choscbnûd dejíl-dir. — Maḥmûd bendén güfzól-dir. Hind sendén güfzél-dir. Sifz bifzdén māl'lý (fzenghín)-synýfz. (10) Bifz sifzdén ejí dejíl-ifz. Sifz bifzdén ejí-mi-siñífz? Bunlár schunlardán büjük-dür. Badscháq qoldán ufzún-dur. Bu kirāfz schbekerdén tatlý-dyr. Warlýq βaghlyq-dán jek dejíl-dir. Ischté sifzé (15) bir pek indsché tschoḫá! andán (v. ondán) ejisí jóq-dur. Dahá bundán ejí āt jóq-mu? Ischté dahá güfzél! O bundán dahá ejí-dir. — Maḥmûd dschümleñífzdén ejisí-dir. Bu āt eñ ejisindén-dir. Bu qawunlarýñ eñ ejisiní wer! Bu türündschleríñ (portuqal'larýñ) ütsch ejisiní wer bañá! Schu scheftalylarýñ dört ejisiní wer bañá!

Uebung 13.

I. Qa'hwejí süd ilé itschér-mi-siñífz? Dā'imá sijāb qa'bwé itschérim. Benim'lé bir qadéḫ scharāb (bādé) itschérmi-sín? Bir findschān tscháy itschérim. Bifzím'lé bir qadéḫ arpá βujú itschérmisiñífz? Bir qadéḫ puntsch itschérifz. (5) Qusch-qonmafzý sewérmisiñífz? Bifzeljajý sewérim.

Qaysy-jý dahá sewérmisin? Ifzmirfŭ indschir-inf dahá sewérim. Babám tschekirdeksffz ufzumú we qŭdhf nar-yný dahá sewér. — Né dschíns kjäghft istérsiñffz? Postá kjäghidí sewérim. (10) Ischté sifzé bir thabaqá postá kjäghidI! Né dschíns qalém istérmisiñffz? Timúr (demfr) qalém istérifz. Ischté sifzé bir tschóq timúr qalém! 'Arabdschá süjlérmisin? Bir áfz söjlérim. Fränsyfzdschá süjlérmisiñffz? Fränsyfzlár gibí süjlérifz. — Schu kjüjé né derlér? Bu tschitschejé ne derlér? Buñá ne dérsin? Ben büjlé-dir dérim. Sifz buñá ne dersiñffz? Bifz büjlé dejfl-dir dérifz. Né demék istersiñffz?

II. Bifzfm'lé tha'ám idérmisiñffz? Tschoq ikrám idérsiñffz bifzé; sifzín'lé tha'ám idérifz. Tschoq ikrám idérifz ŭñá. Timúr (demfr) qalemiñifzí keréın idermisiñffz (v. árfjjetén werfrsiñffz bañá)? Me'emúl idérmisiñffz ki jarynkí gün (5) Ifzmiré wäßfl olúrsuñúfz? Ewét efendfm, me'emúl idérifz. Öjlé çann (tschmin) idérsiñffz. Bffz-de öjlé çann idérifz. Bén-de öjlé tschmín (çann) idérim. — Bu jól nerejé gidér? Bu jól Ifzmiré gidér. Nerejé gidérsiñffz? Sifz nerejé gidérseñffz, bffz-de gidérifz. Sen nerejé gidérseñ, bén-de gidérim. (10) Bu harfñór (ädemlér) nerejé giderlér? Burŭsnjá giderlér. Sä'atyñýfz doghrú (ejf) gidér-ıni? Ilerí gidér. Gerí qalýr. Nerejé gitmók istérsin? Bejrudá gitmék istérim. — Né jemék (jemejé) istérsiñffz? Kebábdán jérmisiñffz? Chair efendfm, (15) βyghýr etindén jérim.

III. Qapujá kíın tschalár? Gít, báq kím-dirI Erkén qapumufzú tschaláreyñýfz. Né fzemán (né waqýt) jataqdán qalqarsyñýfz? Sä'át alty-dá. Qardaschlarým sä'át jedi-dé qalqarlár. Né fzemán jafzáreyñýfz? (5) Qalqmaq-dán βoñrá jafzáryfz. Paris postaeý hanghý gün tschyqár? Çann idérim : jarynkí gün tschyqár. Chair efendfm, bu gün tschyqár. Né waqýt jolá tschyqársyñýfz? Schindí jolá

3

tschyqáryſz. Áty' kím jyqár? Âtlary' jyqármysyūýſz?
Schindí jyqáryſz. Efendí 'amudschaūýſz nidschó-dir? Dut-
älár idérim. Chäthirlaryný βorárym.

IV. Né ſzemán dersiñí öjrenírsin? Schindí üjrenſ-
rim. Dersiñifzí bilírmisiñſſz? Kjämilén bilſrifz. Bu jolú
bilírmisín? Bu jolú pek ejí bilírim. Bu ádemlér schu kjöjü
bilír-mi? (5) Pek ejí bilirlér. Täſzé ekmekdén-mi jokaá
bajät'dán-my choschlaný rsyñýſz? Täſzé ekmekdén chosch-
laný rym. Bajât ekmék jérim. Hanghysyndán choschlaný r-
syūýſz, pirſndsch tschorbasyndán-my jokaá sebseli ischorba-
dán-my? Sebseli tschorbadán choschlaný ryſz. Hanghysyn-
dán choschlaný rsyn, βyghýr etindén-mi jokaá kebäb-dán-my?
(10) Kebäbdán choschlaný rym. Tschapý q gitmekdén
choschlaný rmysyn? Ben pék rähát gitmekdén choschlaný-
rym. — Bir loqmá dahá äly'rmysyūýſz? Bu kebäb-dán dahá
äly'rym. Ádém baschyná qatsch äly'rsyn? Ádém baschyná
ütsch ghurúsch äly'ryſz. Bu qawunú qatschá werírsin? Né
werírsiūſſz? Ikí ghurúsch saná werírim. Ütsch ghurusohá
saná worírim. Pahalý-dyr. Pahaly' dejíl-dir, pek udschúſz-
dur.

IV. Né ſzemán (waqy't) Burūsajá wäβíl olúrsuūúſz?
Jarynkí gún Parisá wäβíl olúruſz. Jarý n Bejrudá wäβíl
olúr-musán! Bu gún Ífzmiré wäβíl olúrum. Mümkín-mi?
Mümkín dejíl. (5) Babán neredé oturúr? Hanghý tharafdá
(Neredé) oturúrsuūúſz? Filán βoqaqdá oturúruſz. Né ſze-
mán sifzí ewdé bulúrum? Bendeñifzí her waqyt'dá ewdé bu-
lúrsuūúſz. — Tschoq oqúrmusuūúſz? Afz bir schéj oqúrmn,
lakín tschoq jaſzárym. Né ſzemán oqúrsun? Qalqmaqdán
βoūrá oqúrum. Schejleriñifzí (eschjäūyſzý) nerejé qórsnūúſz?
(10) Schejlerimifzí (eschjämyſzý) 'arabajá qórufz. Né ſze-
mán átésch qor (jaqár)? Jemekdén βoūrá átésch qor. Kerém
ejlejíñ efendím, bujurúñ, giríñ! Bujurúñ, durúñ bir áfz,
oturúñ! Efendijé bir βandalyjá getír! (15) Kerém ejlejíñ,

hirlikdé thaŝmymyfzý qabûl idíû! Bir loqmá dahá ŝlýñ!
Efendí pederiñifzé machβûβ selâm söjlejiñ! Luthf ejlejiñ,
qalemt'rŝchyñyfzý bañá ŝrljjetén werfñ! Sŝ'atyñýfz durúr.
Sŝ'atyñyfzý qurúñ!

Uebung 14.

I. βaghlyghyñá itɛchijórufz! Tɛchârɛüjá gít, báq
jumurtajý qatɛchá wirijorlár! Qafzý qatɛchá wirijórɛun?
Elli ghuruɛché wirijórum. Ieɛchtihâñ gelijór-mu? Ieɛchtihâm
gelijór. (5) Neredén gelijórufz. Nerejé gidijórɛun? Ewé
gidijórum. Nitɛchín bu qudár 'adɛchelé idijórɛun? Bu gún
tɛchoq iɛchím war. (Buñá) ghâjét te'addɛchúb idijórum.
Nitɛchín buñá te'addɛchúb idijórɛuñúfz? — Hawâ naβýl?
(10) Jaghmúr jaghyjór. Dolú jaghyjór. Qar jaghyjór.
Rufzgjâr (Bûrá) tɛchyqyjór. Ne sŝ'ât-dyr? Gúndɛch tɛchy-
qyjór. Senſî sŝ'atýñ ejí (doghrú) gidijór-mu? Chair, gúndé
on daqíqé geri qulyjór. Durujór. — Bâghtɛchebânlár né
japyjór? Bâghtɛchedé tɛchalyɛchyjorlár. Tɛchoq iɛch-í war
gibí gjörúnüjorlár. Gít, báq né japyjorlár! Né japyjórɛuñúfz
oradá? Dikijórufz.

II. Bu aghádɛch pek ejí gjörúnûjór. Olqadár mejweɛí
war, ki japraqlarý gúdɛch-ilé gjörúnûjór. βabâhlár pek ɛerín
olmáfz-my? Ewét, achɛchamlár-da hâlá pek βu'úq olujór.
(5) βydɛchaqdán rãhatɛýfz olujórmuɛuñúfz? Ewét, tɛchoq
terlejórufz. Né arajórɛan? Bejâr mendílimí arajórum.
Schu gjörúnén ádém né arajór? Âtynýñ na'lyný arajór. —
Jaján gitmék iɛtejórmuɛuñúfz? Ewét, jaján gidijórum.
Üɛchújórmuɛuñúfz? Ewét, pek üɛchújórum (10) Baɛchý
aghryjórmu? Ewét, benín baɛchým-da aghryjór. Gjök
gúrlejór-mu? Bufzlár erijór-mu? Qar erijór. Polytyqajá
dŝ'ír né dejórɛuñúfz? Chaberimífz joq, kjöjdén gelijórufz.
Ghafzetalár (Schurnâl'lár) né dejorlár? Jeñí bir ɛchéj joq
(v. hitɛch bir hawâdíɛ joq). (15) Inghlifzdɛché öjrenijór-

muaűn (v. oqujórmuaűn)? Ewét efendím, üjrenijórufz (oqujórufz). Pek gűfzél tekellűm idijóraun. Buñá tschalyschyñ!
III. Qalemt'räschyñ kesijór-mu? Qalemt'räschym késmejór. Qalemt'räschý késmejór-mu? Qalemt'räschý pek ejí kesijór. Dschewäb wérmejóraun? Sañá dschewäb wérmejórum. (5) Nitschín dschewäb wérmejór? Bilmóm. — Kimé söjlejórmuauñűfz? Sifzé söjlémejórufz; bunlará söjlejórufz. Nitschín bir loqmá dahá jémejóraun? Artýq bir schéj jónıejórum. Artýq bir schéj jémejór-mu? Artýq bir schéj jémejór. Nitschín ftschmejórsuñűfz? (10) Scharáb itschinojórufz. — Dersiñifzí bílmejórmuauñűfz? Bílmejórufz, jarýn taqrír idijórufz. Schu qonaghý gjö"rmejórmusún? Chair, gjörmejórum. Gjörüjórum, lakín gűdsch iló gjörünüjór. Schu dewejí gjö"rmejórnusuñűfz. (15) Qatsch jaschyndá ayñýfz? Ellí jaschyndá-jym. Ol qadár jaschlý gjörünmejórsuñűfz. Bu qýfz pek gendsch gjörünüjór. Bu chätunlár (qadynlár) pek jaschlý gjörünűjorlár.

IV. Buñá ynanyjórmusuñűfz? Buñá ynánmajórmusuñűfz? Ynánmajórufz. Münkín dejíl. 'Aqlymýfz älmajór. Sén-mi buñá ynnnyjóraun? Bén-de ynánmajórum. Nitschín tschýqmajórmusuñűfz? (5) Hálá pek jorulmúsch olujórufz. Tschýqmajórmu? Chair, tschýqmajór. Nitschín qalemleriñifzí késmejórmusuñűfz? Qalemt'räschymýfz késmejór. — Didijimí añlajórnusuñűfz? Didijiñí añlámajórufz. Didijimifzí pek ejí añlajór, lakín bunlarýn didijiní *) ändscháq gűdsch iló añlajór. Schunlarýn didijiní añlajórmusún? Didiklerini *) añlajórum, lukín seníñ didijiñí añlamajórum.

V. (Aorist.) Türktsché söjleméfzmisiñífz? Bir áfz añláryfz lakín tekellűm etméjifz. Buñá te'addschűb etném.

*) Vgl. Gramm. §. 150.

Bifz-de buñá traddschūb etméjifz. I'timād iderlérmi?
(v. buñá ynanyrlármy?) I'timād iderlér (v. buñá ynnnyrlár).
(5) Bifz i'timād etmójifz (v. bifz buñá ynanmnájyfz). Sífz-do
i'timād etmófzmisiñífz? (v. sífz-de buñá ynanmáfzmysyñýfz?)
Bifz i'timād idérifz, lakín bunlár i'timād etmefzlér (v. bifz
buñá ynanýryfz, lakín bunlár ynanmafzlár). Nitschín dahá
bir schéj jemófzmisiñífz? Artýq bir schéj jeméjifz. Jūfz
forínt wor bañá! Elimdén gelméfz. Schu kjöj pek ufzáq
gjörünınófz. Scbu ew pek ejí gjörünméfz. (10) Bu qadéh
pek temífz gjörünméfz. — Buñá räzt olmáfzmysyñýfz?
Bifz rāzt olúrufz, lakín bu räzt olmáfz. Bén-de buñá räzt
olmám. Filán efendijí tanýrmysýn? Pek ejí aný tanýrym.
Ben aný tanymám. (15) Sífz-mi aný tanýrsyñýfz? Bifz-de
aný tanymájyfz. Bu haríf utaumáfz-my? Utanýr. Ej! né
fená schéj! utanmáfzmysyñýfz? Bu ādemlér utanmufzlár.

VI. (Aorist. Imperativ.) Bu mejwé pek lesiş; bun-
dán a'la-sý olmáfz. Bujuruñ, oturúñ efendím! Baschqá
waqýt olurúrum. Bifzó bundán büjük 'ináját olmáfz.
Ātésch qomáfzmysyñýfz (jaqmáfzmysyñýfz)? Āteschí üfle-
jíñ! Iki, dört pārtschá odán qojúñ! Tschoq odún qómajúñ!
Kjömūr qojúñ! Schejleriñifzí (esohjāñyfzý) 'arnbajá qóma-
jáñ! Schamnatá étme! Bunú bir dahá étme! Nitschín
olmáfz? 'Aib-dyr; bir dahá ōjló schéj jápma! (10) Chyr-
sýfz syo! Bunú bir dahá süjléme! Buñá ynánmajýñ!
Sā'atyñyfzý 'ärijjetén werfñ bañá! Bunú istémejíñ! Nijā-
fzymý (nijāfzým) redd étmejíñ!

Uebung 15.

I. Benim'lé béräbér geledschék-mi-sin? Seniñ'lé
béräbér geledschejím. Bifzim'lé béräbér geledschék-mi-
siñífz? Ewét, sifziñ'lé béräbér geledschejífz. Anýñ'lá bérä-
bér geledschekler-mi? Chair, anýñ'lá gélmejedscheklér. —

(5) Bir qādéh arpá βujú bením'lé itschedschékmisin? Jaly-ñýſz bir qādéh limonātá itschedschejím. Né waqýt bu mek-tūbú postajé getiredschéksin? 'Arabajá né waqýt binedschék-misin? Ātá bínmejedschékmisiñíſz? 'Arabanýñ qapusunú atsch, 'arabajá binedschejíſz. (10) Jarým sä'at'dán ätá bine-dschejím. 'Arabajý tut, tschyqadschaghýſz. — Sä'atyñý sä'atdschyjá gjönderedschékmisin? Aný gjōndórmejedsche-jím. Nejé qarár weredschéksiñíſz? Buñá qarár wórmeje-dschejíſz. (15) Buñá qarár wórmejedschékmi? Qatsch jaschyndá-syn? Ikí äydán on sekíſz jaschyná giredschejím.

II. Dschäným, bir schéj sü'äl idedschejím. Né waqýt babáñ 'awdét idedschék-dir? Geledschék äydán ewwél 'aw-dét idedschdk. Né waqýt 'awdét idedschéksiñíſz? Gele-dschék haſtadán ewwél 'awdét idedschejíſz. (5) Nījjetimíſz der 'aqb 'awdót etmék-dir. Bu gün thaämý qatschdá ide-dschejíſz? Sä'át besch-dé thaäm idedschéksiñíſz. Jarým sä'át qatschdá qa'hwé altý idedschéksiñíſz? Sekíſz-dén ew-wél qa'hwé altý idedschejím. — Iskenderījje-dó tschoq mekſ idedschékmisin? Nījjetím bir, ikí äy iqāmét etmék-dir. Altý haftá iqāmét idedschejím. Jedí haftadán ewwól 'awdét idedschejím. — Wapór-ilé gidedschékmisin? Bahrén git-mejedschejím. Postá arabasílá gitmejedschékmisiñíſz? (15) Demír-jól ilé gidedschejíſz. Edrenejé qadár gidedschék-misin? Jalyñýſz Istambolá qadár gidedschejím. Síſz nerejé gidedschéksiñíſz? Bíſz-de orajá gidedschejíſz. Bíſz orajá gitmejedschejíſz.

III. Tschärsü-dá (Bāfzārdá) né ischiñíſz war? Ba'zý ufáq tefék schéj äladschaghýſz. Né äladschāqsyn? Pilídsch we órdék äladschaghým. Jumurtá-da äladschāqmysyñýſz? Chair, jalyñýſz pejnír ilé jagh äladschaghým. (5) Neredé jatadschāqsyñýſz? Schu gjörünén kjöjdé jatadschaghýſz. Ben qādhīníñ ewindé jatadschaghým. Ne qadár ſzemán (waqýt) oradá qaladschāqsyñýſz? Tschoq waqýt qālmajadschaghýfz. Bén jalyñýfz bir áy qoladschaghým. (10) Bañá söjlé, kim-é mektůb jafzadscháqsyn! Anamá we qardaschlarymá jafzadschaghým. Sífz-de anañyfzá we qardaschlaryñyfzá jafzadscháqmysyñýfz? Chair, bén jalyñýfz babamá jafzadschaghým. Ne wedschh'lé (né βūrét'lé) qarajá tschyqadschaghýfz? (15) Aghalár, qarajá βandalým ilé tschyqadscháŋsyñýfz. Né waqýt áiá binedschéksiñífz? On daqīqodén jolá tschyqadschaghýfz. Sá'át qatschdá-dyr? Hálá sá'át besch (beschí) woradscháq. Hawá naβýl? Gjök bulutlú-dur; jaghmúr jaghadschaq; (20) borá tschyqadscháq. Senenfñ eñ gúfzél mewsíminé giredschejífz; tschitscheklér qáribén ('an qarib) átschadscháq.

IV. Hanghý tschorablaryñyfzý gljedschékaiñífs? Pambúŋ tschorablarymý gíjedschejím. Sōjlé, ḥenghý rubañý gíjedschéksin? Sijáh qaftānymý gíjedschejím. Rubamý gímejedschejím. (5) Inglifzdsché oqumajadscháqmysýn? Geledschék sené inglifzdsché oqujadschaghým. — Buñá né dejedscheklér? Schaschadscháq schéj dejíl. Jejedschék né war? Jejedschék bir schéj jóq-dur. Jatadscháq waqýt geldí-mi? Qalqadscháq waqýt gélmedí. (10) Sifziñ jafzadscháq schej'íñ jóq-mu? Jafzadschaghým jafzý gḥájét tschóq-dur. Bañá dejedschejíñífz wár-my? Sañá né dejedschejiní bilmejórum. Benim satýn áladschaghým schej jóq-mu? Né satýn áladschagbyñý bilmejórum. (15) Bir qatsch pilídsch áladschaghymý cháthirymá getír! Bir qatsch mektūbú jafzadschaghymý chāthirymá getirñ! Né idedschejimifzí bilmejórufz. Japadschaghyñýfz schejlerñ eñ e'hwení bú-dur.

Uebung 16.

I. Né waqýt geldiñífz? Dünkí gün schschám üfzerí geldím. Né-ilé geldí? Postá 'arabasílá geldí. Postá 'arabisílá-my geldín joksá demír-jol-ilé-mi? (5) Né postá 'arabasílá wo né demír-jol-ilé geldím. Wapór ilé geldík. Sá'át litsché geldí-mi? Ikí getschdí. Jafz getschdi. Jarý jolú getschdík-mi? Chair. Qatsch uıll getschdiñífz-mi? (5) Bosch mil getschdík. Londrajámy gitdí jokaá Näpolijá-my? Né Londrajá we nó Näpolijá gitdí. Burūsajá demír-jol-ilé-mi gitdiñífz jokaú postá 'arabasílá-my? Burūsajá gitmedím. (15) Nerujé gitdiñífz? Demír jol-ilé Parisá gitdík. Gitıliñıfz-mi jokaá gıtmediñífz-mi? Parisá gitmedík, ändscháq babám orajá gitdí.

II. Neredé idiñífz? Berlin-dá idím. Né waqýt 'awdét itdiñífz? Bu gûn βabáh geldím. Nitschíu oradá iqámét étmediñífz? Haqqyñyfzdá kjämilón luthí u iheán étmedilér-mi? — (5) Muāledsché te'efir ltdí-mi? Te'efir étmedí. Hekīmé schikjäjét étmediñífz-mi? Schikjäjét étmedím. Betsch sifzé naβýl gjörändú? (10) Betsch bañá ep ejí gjörtindú. Nitschín dersiñifzí öjrénmediñífz? Öjrendím, bu gün βabáh bilír idím, lakín onutdúm. Tschitschék álmáq itschín ádém gjönderdín-mi? Gjönderdím. Gjöndérmedím. Tschitschekleriuí gjö'rmedíñ-mi? Láleleriñí gjördúm. — (15) Bunú kim didí? Filán efendí bifzé didí. Añá dá'ír bir schéj ischitdiñífz-mi? Hitsch bir schéj ischítmedím.

III. Artýq βabrým qálmadý. Chyrsýfz syñýfz. Bunú naβýl japdýñýfz? Ne 'áib-dyr! Bifz bunú jápmadýq. Né japadschaghým? Bundán baschqá japadschaghýñ qálmadý. (5) Efendí biräderiñífz βoqaghá tschyqdý-my? Biräderím dahá qálqınadý; dünkí gûn pek getsch jatdý. — Sá'át qatsch wurdú? Sá'át besch (beschí) wurdú. Sá'atým qurulú dejíl. Qurunghý onutdúñ-mu? (10) Onútmadým; durműsch.

IV. (Unbestimmtes Perfectum.) Ghálibá dûnkí gűn getsch jatmýscheyñýfz? Waqa'á dünkí gün mu'tádymdán getsch jatdým. Ghálibá bu gün erkén qalqmýsch? (5) Chair, bu gün mu'tádyndán getsch qulqdý. Efendí pederiñífz geldí-mi? Gelmísch-dir. Gélmemísch-dir. Bu efendijí tanýr-

ısyıyüýfz ? lsm'inf ischitmischin. Bu gün pilfdsch βatýn
ıldýñ-my? (10) Bu gün pilídsch gélmennisch-dir. Né-dir
chastalyghý ? Nyıırýs olınúsch. Neűífz war ? βu'úq ılıny-
schým. Itschmemíschsiñífz ? Mu'tádymdán tschoq itschdím.
(15) Ghálibá buñá dä'ír bir schéj ischitmischsín. Hitsch bir
schéj ischitmedím. Efendí pederiñífz ewdé dejíl-mi ? Chair,
tschyqdý. Nerejé gitmísch-dir ? Ghálibá birāderiní gjör-
mejé gitmısch. Pek jafzýq oldú I Mükeddér oldúm.

V. (Formen auf *dik*, *duq*.) Jafzdyghyıný oqudúñ-mu ?
Jafzdyghyñý oqudúm. Didijimf ischitdiñífz - mi ? Ischít-
medím ; kerém idíñ, bir dahá söjlejíñ! (5) Schindí didijimí
sñladyñýfz-my ? Didijiñifzí pek ejí núladým ? Didijiñifzí
sñlámadým. Didijiñifzí sñlár-my ? Didijimí pek ejí sñlár,
lakín didijiñifzí sñlumáfz. (10) Bejrút didijí schehirí biŭr-
misiñífz ? Bu schehirí pek ejí hilírim ; oradá tschoq waqfí
iqāmét itdím. Buradá sifzé rást geldijimé pek memnūn-
oldúm. Bén-de (Bendeñífz-de) sifzí gjördüjūmé memnūn-
oldúm. Efendí birāderiñifzé rást geldijim-dén pek ḥaçç ildím.
(15) Öldüjünü ischitdiñ-mi ? Anýñ wefát itdijiní ischítmedí
idím, charáb oldúm. Bén-de ḥairet-dé qaldým.

VI. Bunú nitschín didiñífz ? Bunú didijimifz-dén sifzé
zarár olmáfs. Didijíñ schej'í βnḥíḥ bilírmisín ? Bu ātýñ
zatí ólmadyghyná kefíl-mi-sín ? (5) Bu ātýñ kjāmilén βagh
oldughuná žämín-im. Böjlé oldughuná ynánmajórum. Böjlé
oldughuná ba'ḥf idórmisín ? Böjlé ólmadyghyná ba'ḥf idérim.
— Sä'át qatschdá oldughunú bilírmisín ? Bilmém. Ājýñ
qatschý oldughunú bilírmisín ? Bu sä'át äjýñ qatschý oldu-
ghunú gjösterír-mi ? (10) Ewét, haftanýn günleriní-de.
Dschánýıı, teklífeifzdschá istedijiñí äl! Bujurúñ, sfendím!
istedijiñifzí gjösteréjim sifzé l

VII. Sifzíñ jafzdyghyñýfz kitáb bú-mu-dur ? Benim
jafzdyghým kitáb bu dejíl-dir. Benim jnfzdyghým müséw-
wede-jí oqudúñ-mu ? Seníñ jafzdyghýñ müséwwedejí oqúma-

dúm. (5) Sifzíñ oqudughuñúfz kitáblár bú-mu-dur? Ewét, bením oqudughúm kitáblár bú-dur. — Oturdughumúfz ewí gjördüñúfz-mü? Chair, eifziñ oturdughuñúfz ewí gjörmedím. Geldijími waqýt uyqu-dá-my idíñ? (10) Senfū geldijíñ waqýt ben eñ derín uyqu-dá idím. Geldijiñífz jol qyβá-mydyr? Geldijím jol pek ufzún-dur. Gidedschejimífz jer pek ufzáq-my-dyr? Sifzíñ gidedschejiñífz jer pek jaqýn-dyr. Schiudí jatadscháq waqýt geldí-mi? Chair, qalqadscháq waqýt geldí. Límaná giredschék jer naβýl? Límaná giredschék jer pek räljút-dyr.

Uebung 17.

I. (Optativ.) Kebābdán weréjim-mi? Sifzé tschitscheklerimí gjösterćjim-mi? Né jéjim? Nerejé sifzí getiréjim? Sifzí bir güfzól häghtschejé getiréjim. Nabżyña baqájyml (5) Haräretíl-dir Nerejé gidéjim? Burüsajámi gidéjim? Jolá tschyqájym. — 'Arabá hăzír-dir, binelím! Qalqalým! Schehirdén dyscharý tschyqalým! Ba'ȟf idelím! Nerejé gidelím? (10) Bäghtschejé gidelím! — Istérmisiñífz tschohalarymý żarír ilé βatájym? Né qadár läfzím-dir weréjim sifzé? Läfzím ki weréaiñífz jüfz pará. Öjlé-de olsún! jetmfsch forínt worírim, βalt ki gefzmejéjim dükkjändán dükkjäná. (15) Läfzím dir ki βatýn älájyfz kjäghít mürekkéb we mühür-mumú. Läfzím ki bir 'arabá βatýn älájyfz. Läfzím-mi ki bir ät βatýn älájyfz? Né qadár láfzím-dir weréjifz sifzé bu itschín? Pek pahalý! Weréjifz sifzé jirmí pará. Tschoq pāfzärlýq etmejéjifz. — (20) Bu pilidschdén-mi qojéjym sifzé? Bujurúrmusuñúfz weréjim sifzé bu kebābdán? Da'wét idérifz senf ki bu gün bifzdé tha'ám idésin. Istemějifz aghyrlýq getiréjifz. Bifz gitdík βalt gjöréjifz senf. (25) Ustád! istérim ki bañá bir tschift tschifzmé japásyñýfz. Ustád! istérifz ki sén bifzé jeñí efwáb japáeyn; lakín pek ufzatmajýp getirésin, ki efwäbeýfz qalmajájyfz.

II. Eschjäayný (echéjlerinf) 'arabadá braqsýn! βandyghý 'arabajá qosún! Sūjlé sürtidschtijé, 'arabanýñ qapujú atschaýn! Söjlé uschaghá, odunýñ qapujú qapaeýn! (5) Söjlejñ ädemleré, geleinlér! Yβmarlajýū (Emr idíñ) äschdschyjá, ätéech qosún (jaqsýn)! Qosún bifzé jemék! Schindí qa'hwé altyjý getireinlér! Né oleún? Süjlejíñ kitäbdschyjá, bifzé eñ jeñí kitablarý gjönderein! Né dechíne oleún? — (10) Schejleriñí (eschjāūý) oda-dá braqmalýeyn. Qara-já tschyqmalýeyn. Bir qán äldyrmalýjym. Bir qátsch gün oradá mekf etmelíjim (qahınalýjym). Já uetád! bu tschifzmé pek dár-dyr; bañá bir baschqá tschift japmalýeynýfz, jokeá sifzí terk idérim. (15) Sülük qomalýsyñýfz. Scherbét álmalý. Atlarý qoschdulár; binmelíjifz. Gomí tschyqadschán-dyr; joldschulár binmeli. Gomí límaná girdí, joldschulár βandaldá qarajá tschyqmalý.

III. Bañá kjäghit, mürekkéb we qalém wiré bilírmiein? Jalyñýfz mürekkéb ilé qalém sañá wiré bilírim; kjäghidím joq. Bir afzdschá oturá bilírmiein? Otá bilír schéj dejñ; tschoq ischím war. (5) Né waqýt jiné ischiñé dewäm idé bilírmiein? O bir gün. Inghlifzdsché söjlejé bilír-mi? Bir áfz aūlár, lakín tekellüm idémefz. Oqujá we jafzá bilírmi? Oqujá bilír, lakín jafzámafz. Sürüdschú! Ätlár qoschmúsch-mu-sun? (10) Né waqýt biné bilírim? Re'ís, né fzemán qarajá tschyqá bilírifz? Bu gün qarajá tschyqámafzeyñýfz. Rubajý jarynú-dek bitiré bilír-mi? Ewét, aný bitiré bilír. Sölzünd durá bilír-mi? Chair, söfzüné durá bilméfz. (15) Re'ís, né waqýt límaná giré bilírifz? Ütsch ä'at'dán ewwél girémejífz. Bañá on forínt 'ärijetén werémefzmieiñífz? Sifzé joq dejémem. Buñá né dejé bilíreiñífz? Hitsch bir schéj dejémejífz, ma'lūmátymýfz jóq-dur. 'Arabdschè tekellüm bilírmisiñífz? Bir áſz añláryſz, lakín tekellüm idémejífz.

IV. Benlın'lé joldschulúq idé bilijór-mu? Seníñ'lé joldschulúq idémejór. Bén-de seníñ'lé bilé refíq-i sefér olámajórum. Sürüdschíl, pék tschapýk gitmelíjífz. Dahá tschapýk gidémem, sulthänýın. (5) βoñ bahasý bú-mu-dur? Hitsch bir schéj tenfzíl idémefzsiñífz? Chair efendím, bir habbesí tenfzil idémejífz. Qatsch günde Atlnajá wará bilírífz? Ütsch gündén ewwél orajá warámafzsyñýfz. Bu pék pahalý! (10) bu bahajá baschqá jerdé bundán ejí tschohalár bulá bilírim. Olá bilír schéj dejíl; böjlé ejí tschohá bnschqá jerdé bulámafzsyñýfz. Ustád, tschifzmelerí jaryná-dek bitirémefz-mi-siñífz? Bitirémem, hitsch bir türlü olámafz. (15) Gedsché bir schéj jejémejedschejífz. Ujujámajadschaghým. Jumurtá álámadýq. Balýq álámadýñ-my? Chair, álámadým. Tschoq jedím, gjöfzümli qapajámajadschaghým. (20) Iltimásymý qabûl idé biledschékmisiñífz? Iltimásyñyfzý qabûl idé biledschejimí bilmém. Iltimásyñyfzý qabûl edémedijiné pek te'efsüf idijór. Charáb oldúq.

V. Rähatsyfzlyghyný ischitdiñífz-mi? Ischítmedík ki rähatsýfz imísch. Ischitdík ki βágh selím imíseh. Ischitdím ki türkí lisänyndá ilerí gitmischsín. (5) Ejí billrim ki táfzé mojwedén chuschlanýrsyñýfz. Ejí bilírífz ki tschoq ischiñífz war. Bir mektübunú álmadýñ-my? Ewét, bu gün bir qitb'á mektübunú áldýım; jafzyjór ki dünjájá bir qyfzý gelınísch. Jafzdý ki serdárýn qardaschý wefát etmísch. . (10) Gendíñ bañá jafzdýñ kí geledschék ájýñ doqufzundschú günündé geledschéksin (unbest. geledschék imischsín). Gendirulfz sifzé dedík ki bu ájýñ on beschindschí günündé geledschejífz (geledschék imischífz). Gendiñífz bañá jafzdýñýfz ki aqtschosinl áldyñýfz idí. — (15) Istejórufz ki bú jafzyjý temám idésiñífz. Qorqárınysýn ki waré? Chair, qorqárym ki qalá. Sañá emr itdí-mi (hokm ejledí-mi) ki buradá qaláayn? Chair, bañá emr itdí ki techyqájym (techyqám). Añá jafzdýñ-my ki gelé? Añá jafzdým ki bañá jafzá. (20) Bélki gelé! Olmáfz ki geld. Keschké jafzá! Bélki jafzá! Olmáfz ki jafzá. Sifzó redschám idérim, efendím (od. Dschenábyñyfzá redschám búdur) ki teskerejí getirené ikí biá ghurúsch weréaiñífz (weréaifz).

Uebung 18.

I. Né qadár pejnir βatýn álájym? Ejí isé útach oqá alýñ! Choschnúd iséñ, bén-de choschnúd olúrum. Dewletimífz joghysá, e'bl-i 'irz ifz. Dewletlerí wár isé, bordschlarýda war. (5) Choschnúd dejíl iseñífz, charáb olúrum. Dewletíñ joghysá, 'izzetíñ war. — Waqytýñ war isé, benim'lé gel! Tschoq ischí war isé, buradá qalsýn! Waqytyñýfz joghysá, bén jafzárym. (10) Aqtschéñ joghysá, hitsch bir sohéj álma! Haqqýñ joghysá, βuβ ol! Ischí joghysá, tschárañjá benim'lé gelsín! Ejér sifztñ gúfzél júfzügúñúfz *) war isé, bir qatsch gjösterejiñ! Ejér gúfzél odalarýñýfz we jataghyñýfz wur isé, qalýryfz. (15) Tschoq udám wo temífz jataghýın war. Ójló isé, qalýryfz. Ipék tschorabyñýfz war isé, hañá hir qátsch gjösterejiñ! Ipék schindí pek pahalý-dyr. Ójlé isé panıbúq fzijádé maqbúlúm-dur. Soharáb pek ejí dejíl isé, arpá βujú fzijádé maqbúlúm-dur.

II. Já ustád, setrimí getirdíñ-mi? Ewét efendím, istérseñífz, tedschribé idíñ! Nerejé gidelím? Istérseñífz, teátrujá gidelím! Bu kiráfzý qatschá werírsiñífz? Ejér oqssyný parajá werírseñífz, dört oqá álýrym. Derfzi-jí gjörürseñ, dé ki pantalönlarymý getirsín! Setrimí getirírse, beni tschaghýr! Sendén choschnúd olúrsam, sañá júfz ghurúsch werírim. (10) Süzleré bir chiemét idé bilírsem, ḫázír-

*) جوز júfzük Fingerring.

im. Doghrú ilerí gidérseñ, βol tharafdá bir enlí mejdân gelír. Ejér öjlé gidérseñ, pek getsch wäβíl olúrsun. Ejér Burûsajá wäβíl olúrsañ, jorghunlúq ál! (15) Hawá feuá olúrsa, operäjá gidérim. Isniñífz olúrsa, sifzíû'lé gidérifz. Ejér rufzgjâr böjlé sert olúrsa, ütsch sä'at'dán ewwél límaná girméjifz. Hitsch olmáfzı sä'át sekifzdé jetischírifz.

III. Schu scharthlár ischiñifzé el werírse, ilerí-de dahá baschqá älýsch werísch idérifz. Ischimé el weredschék bir schéj bulúrsañýfz, bañá chabér werín! Bujurúrsañýfz geledschék-dir. (5) Her né ki läfzím olúrsa japýñ! Schekér, qa'hwé, tschây we dahá sä'ír ne läfzím isé ál! Né ki emr idérseñífz idedschék-dir. Naβýl ki istérseñífz, öjlé idér. ller qudár unälý war isé, 'izzetí jóq-dur. (10) Né waqýt isterseñífz gelíñ! Máwí qaftaný-my jokeá qara-syný-my istersiñífz? Hanghysý ki olúrsa olaún. Bu äýý-my joksá schunú-mu istérsiñífz? Bañá gjöré hepisí bir, hanghysý olúrsa olsún! Máwí tschohadán-my jokeá jeschilindén-mi choschlanýrsyñýfz? (15) Bañá gjöré hepisí bir, ne renghí bujurúrsañýfz olsún. Jeschíl tschohalarýñ renghí tschapýk βolár. Öjlé isé máwl-sí fzijädé maqbûlúm-dur. Qa'hwejí qará-my joksá süd-ilé-mi istersiñífz? Qara-sý fzijädé maqbûlúm-dur (od. qara-syndán choschlanýrym od. qara-syný dahá sewérim) Schekerimífz joq-dur. (20) Öjlé isé süd-ilé fzijädé maqbûlúm-dur.

IV. Bu ät gendsch dejíl-dir. Gendsch dejíl-isé, jamán-da dejíl. Gendsch olmasá, pek jaschlý-da dejíl. (5) Qyrälymyfzýñ sefínsleri (od. sefá'iní) joghysá, tschoq 'askerí war. Bu ädemíñ aqtschesí ólmasá, tschoq tschiftí war. — Á geledschék sené Betsché gitsék! Efendimífz 'arabanýû pendscheresiní atschsá! (10) Bu mektûbú jafzsañýfz! Baqsañýfz á! dewelér gelír. Demír-jól-ilé gitscñífz dahá ejí olúr. Schejleriñifzí gemi-dé braqsañýfz, dahá ejí olúr. Scharáb-my istersiñífz joksá arpá-βujú-mu? (15) Chair,

tschåy olsé, dahá ejí olúr. Bir qædéļ schsrål jåhód 'srå٩
olsé itschérim. Bundán schu qal'a-já né qadår jér-dir. Olsé
bir ä́'ŧt. Bu gedsché ewinné gelseñífz! O bir gün gelse-
ñífz, dahá ejí olúr. βandyqlarymyfzý bir loqantajá getírseñífz,
dahá ejí olúr.

Uebung 19.

I. Kim idí ol chätún (qadýn)? Qyfz-qardsschým-dyr.
Sañá yβý-my idí? Bañá yβý dejíl-idí, buñá βu'úq idí. Sñhá
Mahmúd-mu bordschlú idí, joksé Hssán-my? Ne Mahmúd
we né Hssán bañá bordschlú dejíl idí. (5) Sañá werdijím
kjäghít ejí-mi idí? Bañá werdijiñífz kjäghít ejí dejíl idí.
Gjördújüñúfz nuqyschlár gúfzél-mi idí? Gjördújünúfz nu-
qyschlár pek idschrälý japylmýsch idí. Chätém né oldú?
Burudá idí, schindí gjördüm. (10) Ischté buldüm. Geldi-
jím waqýı ewdé dejíl-idíñ. Geldijimífz waqýı derín nyqudé
idiñífz. Dünkí gün naβýl idiñífz? Pek fené idím. Bu
günlér nsredé idíñ? Kjöjdé idím. (15) Né qadár fzemán
orudá qalmáq nijjetindé idiñífz? Ikí åy qalmáq nijjetindé
idík. Joldschulugbúñ naβýl ídí? Choschlánmadým. Joldá
qatsch gún idiñífz? Ütsch bañå. Dört bssch åy bundá
dejíl idiñífz; neredé idiñífz? Didijiñífz gibí dir, efundím :
(20) Jörl åydán berí Pnrisdé idím. Läfzím idí ki dahá
erkén 'awdét idersiñífz (od. Dahá erkén 'awdét etmelí idiñífz).
Läfzím idí ki bu jafzyjý oqúrsuñúfz (od. Bu jafzyjý oqumalý
idiñífz). Läfzím idí ki bú mûséwwedejí taβhíh idérsiñífz
(od. Bu mûséwwedejí taβhíh etmelí idiñífz). Läfzím idí ki
bú mektübú postajá getírsin (od. Bu mektübú postajá getir-
melí idíñ).

II. Babañýfz ol-waqýt neredé idí? Babám ol-waqýt
Burúsudá idí. Geldijiñífz waqýt sä'át qatschdá idí? Geldi-
jím waqýt sä'át ikijé tschejrék war idí. Bu gedsché sjáfz

wár-my-idí? Chair, jaghmúr war idí. (5) Bu gedschbé
schedid harárefiñífz wár-my idí? Chair, haráretím joghudú.
Dünkí gün waqytyñýfz wár-my idí? Chair, waqvtým
joghudú; tschoq ischím war idí. Ischtihañ jóq-mu udú?
Ischtihâm joghudú. Dünkí gün bachtým joghudú görejim
sifzí; schehirdé ischiñífz wár-my idí? (10) Ol qadár isch-
lerimífz war idí, ki gelémedik, amınt murádymýfz wár idí.
Níjjét düstá jetischír. Dünkí gün añá ihtijádschýñ wár-my
idí (od. añá muhtádsch-my idíñ?)? Añá ihtijádschým
joghudú, lakín sañá ihtijádschým war idí (od. Añá muhtádsch
dejü idím, lakín sañá muhtádsch idím).

III. Nerejé gidijóreun? Hemschírenñi ewiné gidijór
idím. Kim idí ol efendí, ki sifzñ ilé dün ßoqaq-dá laqyrdý
idijór idí? Fránsýfz-dyr. Afz qaldý sä'atymf qurmaghý
onudujór idím. (5) Afz qaldý bu mektübú postajá gutirmejí
onudujór idím. Tärích ilé imzäjý onútmamalý idíñ. Böjlé
étmemelí idíñ. Bu qadár fischmemeli idíñ. Bu kitäbý oqú-
mamalý-my idím? (10) Ol kitäbý oqudúñ-mu, ki bén mný
sañá gjöndermísch idím? Ol chátún, ki dünkí gün gelmísch
idí, pek güfzól faén-dir. Sifzdén bir Telemáq istemísch idím:
wár-my? Haqíqát benim chatbirymdán tschyqmýsch idí.
Jænghídsch âldýñ-my? (15) Bu gün jenghídsch gélmemísch
idí. Tschamaschyrymý düfzeldirmejé wermísch idím; getir-
dilér-mi baqýñ! — Sifzé geledschék idík; amant bir mäni'i-
mífz wár-idí, gidémedík. (20) Sifz ewweldschó geldiñífz,
jokså bifz sifzé gidedschék idík. Qardaschým sifzé jafzdydý,
jokså ben sifzé chabér weredschék idím. Hekim sué dedidí,
jokså bén dejedschék idím.

IV. Filán efendinñ janyndá tschoq waqýt chismét
etmísch idiñífz-mi? Aylyghyñýfz né idí? Her jerdé sek-
sén gburúsch älýr idím. Schu efendijí tanýrmysyñýfz?
Edrene-dé qardaschymýn ewiné otarúr idí, (5) we 'amu-
dschamýñ ewiné ekferijjén gulír gidér idí. Böjlé chawrá

oldughuñuſzú bilméſz idím. Sá'át qatachdá oldughunú bilméſz-mi idíñ? Aný dahá jaachlý çaon idér idím. Bu qadár chasís oldulghunú çann etméſz idím. Bu qadár getach oldughunú çann idér idiñíſz-mi? (10) Bu qadár jaachlý oldughunú çann etméſz-mi idiñíſz? — Biſzím jerimiſzdé olaañýſz, né japár idiñíſz? Pek pahalý olmaaá, poalá 'arabaallá gidér idím. Da'watyñyſzá joq deméſz idík, ammá bir máni'míſz war, pek mühímm iachimíſz war. — (15) Bélki dahá bir qadéh acharáb iatér idiñíſz? Bir qadéh puntach ilachmék iatér idím. Menſzíl-bárgírlerí tutmáq iatér idík. Ayrý bir odá iatér idím. Alláh weré, üjlé oláydý (od. Iatér idím : büjlé olaún).

V. Ejér jaſzaáydýñ*), ó gelír idí (od. gelírmiach). Ejér bujuraáydyñýſz, biſz japár idík. Sen bañá chabér weraéjdiñ, bén jolá tachyqár idím. Bén gelaéjdím, ó gelméſz idí. (5) Añá jaſzaáydyñýſz (od. jaſzmýach olaáydyñýſz), ó dachewáb werír idí. Bañá qalaá, jolá tachyqárym. Bañá qalaáydý, jolá tachyqár idím. Sañá qalaá, durúraun. Sañá qalaáydý, durúr idíñ. (10) Biſzé qalaáydý, jóq dér idík. Bañá qalaá, jóq demém. — Áh, bu acné Londrajá gidé bilaéjdíkl Iakenderíjjejé bir án ewwél wáßíl oláydým! — Gerekméſz-mi idí ki ewweldén jnpáydýñ? (15) Aſz qaldýq ki (baach od.) baachymyſzý werejdík. Aſz qaldyñýſz ki milk-iñíſzí we mál-yñyſzý ghab idéjdiñíſz.

VI. Málíjjé náçirí oláydýñl βádr-i a'çém olmáach oláydý! Cháridachíjjé müachírí ólmajáydý! Díchilíjjé müachírí ólmamýach oláydý. 'Aakér müachírí oláydýñl (5) Alláh weré üjlé oláydý! Keachké dahá erkén jaſzáydýñ! Keachké emr idéjdiñíſz! — Ejér getachén aené Belaché gidéjdím, tachoq ſá'idé gjöredachék idím. Ejér qaplydachalarí dewám idéjmiachaiñíſz, tachoq ſá'idé gjöredachék imiachaiñíſz.

---

*) In diesen Formen ruht auf dem eraten Akzent der Hauptton.

5

(10) Seni gjöréjdík! pek haçç idér idík! Sén olmajáydýñ!
bifz ischimifzí billr idík. — Seniñ aqtschéñ war iséjdí, né
japár idíñ? Sifzíñ ewlädyñýfz joghyeáydý, né japár idiñífz?
Bením ewlädým war iséjdí, bir éw ilé bir bágh βatýn älýr
idím. (15) Sifzíñ gendí ewiñífz jóq-mu imísch? 'Amu-
daclınmýñ ewlädý olmúsch olsáydý, Parisá anlarý gjönderé-
dechék idí. Seniñ 'amudschañýñ gendí ewlädý jóqmu
imísch?

Uebung 20.

I. Buradá indschír βatylyjór-mu? Buradá üfzüm
βatylyjór, indschír βatýlmajór. Tschañ wurulujór. Bine-
dschók nischán werilijór. Bu odá kirājá werilijór-mu?
(5) Bu odá kirājá werílmejór. — Jolá tschyqadscháq nischán
werildí-mi? Werílmedí. Bu éw kirājá werildí-mi? Werfl-
medí, βatyldý. Bu älý βatýn älmáq istér idím. Bu át
βatyldý, werómem. (10) Joruldušúfz-mu? Joruldúq, sífz
jorúlmadušúfz-mu? Bífz-de joruldúq. — Bu qalém kej-
fiñifzé gjöré kesilmísch-mi? Pek ejí kesilmísch-dir. Bu
jól pek ejí qaldyrým japýlmnmýsch-dyr. Sä'atýın durúr.
Bofzulmúsch-dur. (15) Rähaisýfz-dyr, mi'do-sí bofzulmúsch.
Sañá bir schéj werilmísch-mi-dir? Chair, hitsch bir schéj
bañá werílmedí. Onudulmuschsún.

II. Bu βoqaqdán gidilír-mi? Chair efendím, bu
βoqaqdán gidilméfz. Sä'át qatschdá operājá gidilír? Buradá
tschybúq itschilír-mi? Her bir jerdé itschilméfz. Né fzemán
ischidilír ki gidedschék-dir? (5) Hitsch bir schéj ischidil-
méfz. Gedschelerí gidilír-mi? Qorqármyaýn ki fyrtynalará
tutuladschaqsyñýfz? Qorqárym ki fená hawājá tutuladscha-
ghýfz. Ruch-uñúfz tutuladscháq-dyr. Pijädém tutuldú, lakín
ferfzím tutúlmajadscháq. (10) Atynýfz tutuldú-mu? Hálá
tutúlmadý, anınā tífz (tefz) tutuladscháq-dyr. Kirājá wiri-
ledschék bir àyrý odañýfz wár-my? El-dé házír ídschár

olunadıchíq (od. kirājá weriledschék) bāghtschellífz wár-my? Serdāryn oghlú wurulmúsch didilér. Mükeddér oldúm (od. Bufd dschānfın βyqyldý).

III. Ghafzetalardú ne oqunujór? Né jcñl chaberlér söjlenijór? Hitsch bir schéj söjlénınejór. Dschenk (Scfér od. muhārabé) oladscháq dinilijór. Qapú tschalynyjór, baq kim-dir. Dinilijór ki filān müflís tschyqdý. (5) Bifzé-de öjlé dinildí. Sebebí bilinír-mi? Bilinméfz. Sufrá befzí qondúmu? Tha'ām sufrnjá qondú-mu? Ifzmirín eñ ejí tschohalarý neredé bulunúr? Bu schebirdé Idschār itschín ewlér bulunúr-mu? Schu gjörtinén ormanlardá chyrsýfz bulunmáfz-my? (10) Bundá üfzüm bulunmáfz-my? Ifzınirín éñ ejí indschirí bundá bulunúr. Tnsch kjöprü bu memleketdé nādír bulunúr. Aschschāb chāné bundá eksorljá*) bulunúr. Ojlé βādíq we Isch-güsār ādemlér nādír bulunúr.

Uebung 21.

1. Bir áfz yβynınalýsyn. βu'uqdán βaqynmalýsyn. Né tschoq ejlendín? Né ilé ejlendín? Kjöjdé bir qatsch gün ejlenelím. (5) Bāghtschedé gefzinelím. Bu bāghtschejí bejendiñífz-mi? Schu lālelré söfzünüfz wár-my? Bejendiñífz-mi? Bu āt pek güfzél-dir, āndscháq renghiní bejénmedím. Bu qa'hwejí bejénmediñífz-mi? Bu arpaβujundán itschín-mi? (10) Bejendín-mi? Itschdím we pek bejendím. — Ejér māni'iñífz joghysá, sifzín ilé gjāhydschá qonuschmaghá arfzūlajór. Anýñ ilé qonuschmnghá (gjörUschmejé) tschoq mesrûr olúrum. Jafzýq ki bén anýñ ilé gjörUschémedim (qonuschámadým). (15) Bu setrí bañá jaqyschyjórmu? Bu rubanýñ renghí ghājét güfzél jaqyschyjór sifzé. Bu rubá jaqschyjór-mu benín pantalōnlarymá? Bu schapqá

---

*) اكثريا vulg. ekferi.

güfzél jaqyschyjór sifzíñ rubañyfzá. Bením ischimé qarýschmajýñ! Döstumúñ ischiné sifz né qaryschýrsynýfz? (20) Istambolúñ bawāsyná ālyschdyñýfz - my? Bundá tschybúq itschmejé ālyschdým.

II. Bärgírlerí buradá dejischdirmelſjifz? Bu altyný dejischdiríñ! Perdelerí endirmelí. 'Arabadschý, nerdübāný endír! Enedschejífz. Ātschí söndür! (5) Mūmú söndürmejíñ! Ismini ilé iqāmót ejledijí jerí bildirdí-mi? Bení anýñ'lá gjörüschdürün! Sifzí anýñ'lá gjörüschdürmejé tschoq mesrûr olúrum. Jataqlarymyfzý ḥāzirlatdyrýñ (od. ḥāzir itdiríñ)! Bu pendscherejí ta'mîr itdirmelí. (10) 'Arabañyfzý ta'mîr itdírmejedschékmisiñífz? Bir jeñí setrí japdýrmajadschéqmysyñýfz? Uscháq, jarýn βabâḥ sā'át altydá bení ujandýr! Basch listünó sifzí ujandyradschaghým, sulthānými! Tüfenklerimifzí doldurduñúfz-mu? Pischtovlarymý doldúr! (15) Tschybughumú doldurdúñ-mu? Qadeḥlerí doldúr! Döstlarymyfzýñ βaghlyghyná itschelím! Né waqýt qan āldyrdyñýfz? Getschén ay qan āldyrdým. Jarynkí gün qan āldyrmalýsyn. Bu qadeḥlerí qaldýr! βaḥanlarý qaldyrdýñmy? Na'lbénd bením ātymý na'latsýn !

III. Efendím, nitschín bení aratdyñýfz? Bir hekím aratdýrmalý. Bu odajý bojatmalý. Ustá, bu odajý jeschíl boját! Ustá, bu bofzulmúsch sā'atý düfzeldírmisiñífz? (5) Bu pantalönlarý düfzeltmelſsin. Tschamaschyrdschý qarý gjömleklerimí ilé tschorablarymý düfzeltdimi? Uscháq, eschjāmý wapordán qaldýrtmalýsyn. Bení tschoq beklétunejíñ! — (10) Uscháq, schejlerimí gemidén qaldýr. Re'is, bir ân ewwél jolá tschyqarýñ! Re'is, gemijí batýrmajýñ! Né waqýt bāfzārlyghý bitiredschékseiñífz? Tschoq waqý't getschírmejíñ! Bifzí cháthirdán tschyqármajyñ! Miisterïḥ olúñ! Me'emül idérifz, ki sifz-de bifzí chāthirdán tschyqarmáfzsyñýfz.

Uebung 22.

I. Nijjetiñífz né qadár fzemân oradá iqâmét etmék-dir? Fikriñífz-mi Iskenderījje-jé gitmék? Nijjetiñífz né waqýt 'awdét etmék-dir? Nijjeti-mi jalyñyfzdechá joldechulúq etmék? Chair, bení gendijé joldeechý idindí. (5) Jelyñyfzdechá joldechulúq etmék ejlendechenîñ en fena-sý-dyr. 'Ádetíñ sä'át qatechdá qa'hwé altý etmék-dir? Qa'hwé altydá et jemék 'ādetím-dir (od. et jemejé älyschdým). Bu qadár getsch qa'hwé altý etmejí sewmém. Erkén jatmaghý haçq idérmisiñífz? Jarynkí gün siñd bir fzijärét etmék nijjetindéjim. (10) Jarýn gitmejé nijjetíñ-mi (fikríñ-mi)? — Jatmaghá fikriñífz-mi? Gitmejé fikrím jóq-dur. Ojrenmejé waqytýñ jóq-dur. Ojunmaghá dä'imá waqytý war. Böjlé techapýk gitmeñifzé nó sebéb oldú? Gélmemesiné né sebéb oldú?

II. Né waqýt techalyschmaghá baschlajadechäqayn? Ýβynnsajá baschladým. Ojrenmejé baschlajalým! βandyghymý ālmaghá (od. álmaghý) onútma! Schemsíjjé ālmaghý onútmajýñ! (5) Sä'atyñý qurmaghá (qurmaghý) onútmadýñ-my? Jañlýsch söjlemejé qorqmáfz-my-syñýfz? Anýñ'lá qonuschmaghá arfzulajórufz. Anýñ'lá gjörüschmejé pek haçq idér idík. — Dört haftadán βoñrá hifzí gjörmejó gelír. (10) Sulthänymyfzýñ chāthiryný βormaghá geldík. Türktsché öjrenmejé techalyschyjór we bir áfz söjlemejé baschladý. — Balýq ālmáq itechín hir kimsé gjönderdíñ-mi? El'lerimí silmék itechín bir peschgír wer! Hażm etmék itechín bir findechán qa'hwé lāfzím. — Techoq ejlenmeñifzé né sebéb oldú? Gelén haftají-dek beklememífz iqtizá idér. Bärgírlór álmamýfz iqtizá idér. Jol üfzerindé bir qatsch dofá bejtütét etméñ iqtiżá idér. Parisé gitmemí tensíb étmedí. Londrají gitmesiní tenbī'h idéjim. Burūsají gitmelerini tensíb idérim.

Uebung 23.

I. Qaββúb dükkjānyná oghrajýp bir úſz ót аl! Ütsch dört pārtschí odún getiríp ätésch qo(jaq)! Schindí loqantajá gidíp βandyghyñý qнldyrtmalýsyn. (5) Retschetнmý edschſzādscbyjá gjönderíp japdyrdýñ-my? Kerém idíp bu mektūbú oqujúū! Baqyñýſz ki bu gemí qalqýp gitmesín. Jarýn sā'át sekiſzdé gelíū! siſzíñ'lé gidíp bir át ālınáq itschín ḥāzír olúrum. (10) Gemijé gidíp schejlerimiſzí qnldyrdadscháq waqýt-dyr. — (Gerundiv auf *rek, raq*) Sewinerék-mi geldíñ? Istémejerék geldík-de sewinerék gitdík. Jataqdán dschāný istémejerék qalqár. Bir kimsejé báqmajaráq tschyqdý. (15) Kefíq ólmajaráq jalyñyſzdschá joldschulúq etınekdén choschlanýrmysyñýſz? Ejér rifāqát etmék istersеñíſz müschterekén maβráſ iderék*) joldschulúq idériſz. Kefíq ólmajaráq, joldschulúq etmeñiſzí tenbih etmém. Jürüjerék gitmeñí tenbíh idérim. Memnū' olaráq hitsch bir schej'iñíſz jóq-mu? (20) Bu tschohsanýñ renghiní bejénmedím, ol dschins-dén olaráq bsschqasyný weríñ bañá. 'Arījjét olaráq bañá ütsch dört thabaqá postá kjāgidí weré bilírmisín? Bu miqdārý gümüsch olaráq werſñ bañá!

II. Ben dönündsche βabr idíñ! Ben dönündsche tschýqmа! O gelíndsche, bíſz gidériſz. Sen gelíndsche bir mektūb jaſzúrym. (5) Ben dönündsche sen mektūbú jaſznıýsch olúrsun. Siſz dönündsche, ben βoqnghá tschyqmýsch olúrum. — (*ikén*) Odajá girér ikén, sā'atſ ilk sufranýn üſzerindé bulúrsun. Ne waqýt 'awdét idedschejiní bilméſzmisíñíſz? Gidér ikén bir schéj söjlémedí-mi? (10) Jarýn teātrojá gidér ikén chānemé oghrajýp bení älſ ñ! Tschārsujá gidér ikén ekmekdschí dükkjānyná oghrajýp tāſzé ekmék getír! Jarýn gün agharýr ikén qalqýp āwá gidériſz. (15)

---
*) m. m. id. *gemeinschaftlich Ausgabe machend.*

Bu gün ḫäzír gelmísoh ikén kerém ejlejíū birlikdé thaämymyſzý qabûl idſm. — (Gerund. auf ḱi) Sifz Istambolá gelelí né qadár waqýt oldú? Sifzlér Iskenderijjejé gelelí tschoq waqýt oldú-mu? Ben Betsché gelelí on senè oldú. Efendí birăderiñifzdén chabér ālmajalý né qadár waqýt oldú? Ütsch áy war bañá niektûb jáfzmajalý.

Uebung 24.

I. Joldschulúq itdijiñífz wár-my? Chair, on besch gün-dür odamdán tschyqdyghým joq. Sifzíñ Betschdé bulúnmadyghyñýfz sifzé żarár étmedí-mi? Bením Betschdé bulúnmadyghým bañá tschoq żarár itdí. (5) Burajá geldijimíñ sebebini βoñrá sifzó jnfzárym. Bu säˁatýñ aˁlá oldughuná kefíl-mi-sín (zāmin-mi-sín)? Bu ätýñ hitsch bir ˁösrü ólmadyghyný gendiñífz gjörüjóreufiúfz. Bu ˁarabanýñ büsbütün jeñí oldughuná sifzé kefíl-im (zāmín-im). (10) Teschríf bujurdughuñufzá pek memnûn oldúq. Dünkí gün buradá bulúnmadyghyñyfzá kedér idijórufz. Kirājá weriledschék bu ewdé bir döschenmísch (döschénmemísch) odá oldughunú iˁlám étmemíschmisiñífz? βatylýq olaráq bu kjöjdé bir bāghtsché oldughunú iˁlám itdí. (15) — Bu arpá βujú bejendiñífzmi? Bejénmedím. Jeñí oldughundán-dyr. Ghazetajý oquduqdán βoñrá bañá kerém idín l βydschéq teskín olduqdán βoñrá jiné jolá tschyqáryfz. (20) Rufzgjár qaldyqdán βoñrá límané girérifz.

II. Pek mühímm meβlahatlarým oldughundán ufzundsché oturámanı. βüsufzlughúm fzijādé oldughundán bir qadéḥ scharáb itschéjim. Waqtīlá chaberimífz olámadyghyndán, waqtīlá burajá gelémedik. (5) Ewdén dyscharý tschýqmadyghymdán dyschnrydá né oldughunú bilémem. — βoqaghá tschyqdyghyñdé βuˁuqdán gendiñí ejidsché ḥifç etl Betsché wäβíl oldughumdá o emr chuβûβundá istichbár

idérim. (10) Her defá burajá geldijiñifzdé teschrif bujurûñ!
— Anýñ säkín oldughú mehally bilírmisiñífz? Chair, lakín
aifzín sákín oldughuñúfz mehally bilírim. Chişmét itdijiñ
efendí sendén choschnûd-mu idí? Belí sulthäným, chismelim-
dén pek choschnûd idí. (15) Odadá oldughúm waqýt pek
üschürüm, lakín ät üfzerindé oldughúor häldá aβlá βu'úq duy-
mám. Tüfénk äwyná gitmedijimífz waqýt balýgb äwllá
ejleníriſz*). Dschädde-dén tschyqdyghýñ häldá βol tharafdán
git! (20) 'Arabá ilé gefzdijí häldá jol pek qyβá gjörünúr.

Uebung 25.

I. Sifzíñ gibí bir sätá ilé rifäqát iderék joldschulúq
etmék bañá ghnoïmét**)-dir. Bu tschohá qathífé gibí jymu-
scháq-dyr, lakín tschoq pahalý-dyr. Istamboldá bu bahájá
bunúñ gibisiní bulámafzeyñyfz (bunúñ gibisiní búlmadým).
Jûfzé bilír-mi? Balýq gibí jûfzér. Schindí ewwelkí gibí
dar jeñlér (S. 380) qollanylmáfz. Didijinífz gibí-dir. Bu
dschûbbé fzijädedsché dar gibí bañá gelijór. Didijinífz gibí-
dir. Ewwél behárdá tschayrlár gibí scwqlí schéj olmáfz.
(5) Getschén sené mahβûl fená oladscháq gibí gjöründü.
'Arabudschý bärgírlurí qoschsún! Pek güfzél sulthäným,
bujurdugbuñúfz gibí olsún! Bu üfzümü bejendíñ-mi? Iste-
dijíñ qadár ál sañál Hitsch bir schéj jémejorsuñúfz. Gerejí
gibí jedím. (10) Istedijín gibí jó! Bu scharáb didijiñífz
qadár fená dejíl. Bu arpá βujú anýñ didijí qadár a'lá dejíl.
Schu ät didijiñífz qadár a'lá olúrsa, 'awdót itdijím gibí aný
βatýn äläjym. Eldén geldijimífz qadár tschbalyschyjórufz.
Mahβûl getschén senedé oldughú qadár ejí-dejíl.

---

*) آو tw Jagd; اوی tüfénk awf Flinten-Jagd; قوش اوی
qusch awf Vogeljagd; بالنفت اوی balýq awf Fischfang; auch tüfénk
awdschylýq, balýq awdschylýq. — **) württ. Kriegsleute.

II. Sen derså tschalyschdýqdscba sení mu'allimíñ sewér. Sen oqudúqdscha choschnůd olúrsun. Ben söjlemék můråd itdſkdsche o gůdschendí. (5) Bifz sañá naβiḥát itdſkdsche sen gülüjórsun. Ta'áb gjördükdsche (od. Tschnlyschdýqdschn) tah̩βíl-i chair idérsin. Müdãwemét oldúqdscha orſznjú olúr. 'Ömrüm oldúqdscha chãthirymdán tschýqmajndscháqsynýſz. — Ben gelídschek o gitdí. Bifz gidídschek sifz geldiñífz. (10) Senſü qardaschyûý gjörüdschek bilírmisín? Wefzírí gjörüdschek bilmedí (tasýmadý). — Átá binmeſzdón ewwél ḥammåmå giredschejím. Ḥammámá girmeſzdón (ewwél) bir áſz beklé! Jolá tschyqmaſzdán (ewwél) bir áſz schéj jejelím! (15) Schehirí terk etmeſzdéu bir kerré istedijím gibí aný sejr ü temãschå idéjim. Tha'úm etmeſzdén geſzmejé tschyqájym. Qa'hwé altý etmeſzdén geſzmejé tschyq! O Betsché wãβñ olmadán ben jolá tschyqyjordúm. Bifz schuradán gitmedén o gelijordú. Ben sañá jaſzmadán jolá tschýqma. Sen gitmedén bañá jaſz!

Uebung 26.

Baqyñ, ben sifzé söjléjim. Filán müſſe oldú (od. iſſás itdí, od. iñásá tschyqdý). Haireldé qaldým. Didijimí βah̩ih̩ bellejiñíſz! 'Aqí álmáſz bir schéj. Bu naβýl olá bilír? Alláh gjöstérmesín! Bundá jañlyschyñýſz war. Bir dahá bu chuβüβdá jañýlma! Büjlé oldughunú bahç idérim. Bañá schyrý je'is ü mah̩ſzünüljét geldí. — Bundá tschoq qabáh̩etíñ war. Bu bañá rädschí dejíl. Bunú naβýl japdýñ? Buñá rãit olmém. Artýq βabrým qalmadý. Öñümdén ol! (od. Def'ól! gjöfzümé gjörünme!) Jyghýl schuradán! dschbehenném ol! — Filán efendí tanýrmysyñýſz? Anýñ'lá gjöfz tschinílyghým war. Ichtijärlýq jüſzünü tutdú. 'Aſw idersiñíſz, laqyrdyñýſzý keadím. Bo'is joq. Sifzé nijåfzým-dyr. Júſz ghurúsch 'árĩjetén werſñ bañá! Elimdén golsé! Elimdén gelméſz, japá biledschejím schéj dejíl. Be'is joq,

·afw idíñ l ma'ṣûr tutúñ! — Gitmém lâfzím geldí. Joldschulúq etmék bifzé lâfzím geldí. Dschânӳm βyqyldӳ (od. Güdschümé geldí). Ojlé tschopӳk gilmcñifzé né sebéb oldú? Dünjäjá bir oghlanӳm geldí. Pek sewindschím wnr (od. Pek ḥaçç itdím). Kemâl-i βydq u chulûβ ilé sifzí tebrîk idérim. Chätirynά bir schéj geldí. Ol tharafdá ikí sepéd nβijón älӳñ bañá! Emriñífz jerind waradscháq-dyr. Bendén bilíñl Sifzí gjöréjim od. Hepisiní sifzdón bilírim. — Geiní tschӳqmajadschâq-dyr. Nó tschâré? Bunúñ tschâresí joq. Ojlé, ammá né tschâré? βabr etmelí.

Uebung 27.

I. 1. çannӳm : Islamboldá dejíl idíñífz. Chair, bir jeré gitmísch idím, jeñí geldím. — 2. Elbettó [1]) gendí chänenífzé enmísch siñífz [2]). Gendím qonaghӳm jóq-dur; bir jerdé müäffr oldúm. — 3. Nitschín bendé chäneñífzí teschríf etmejíp baschqá mehallá gitdiñífz? Tschünki ·ejäl [3]) u ewlüdymӳfz oradá säkín [4]) idilér, bífz-de nätschâr [5]) orajá nüfzûl ejledík [6]). — 4. Sifzíñ itschín bir qonáq lâfzím-dir; né japadschâqsyñӳfz? Schindí gidíp bir chüné arajadschaghӳm. — 5. Salӳn-my älyrsyñӳfz, kirâ-ilé-mi tutarsyñӳfz? Ejér udschúfz bulúrsam, älӳrym; bulámafzsám, kirâ-ilé tutárym. — 6. Sifzé lâfzím olán chäncníñ qatsch odasӳ olaá kefüjét idér [7])? Itscheridé dyscharydá jedí odasӳ olaá, kefäjét idér. — 7. Bén bir chüné bilírim; sifzín itschín istikrá idéjim [8]). Pek gütfzél, schindí gidelím we gjürelím! — Schindí olmáfz; in schä'llâh jarӳn! Ben schindí gidérim, jarӳn gelémem. — Gedsché buradá qalyñӳfz! Bu gedsché

---

[1]) البتة genvift. — [2]) اينمك absteigen. — [3]) عيال arab. 'ijäl, türk. 'ejäl, 'ajäl Familie. — [4]) ساكن wohnend. — [5]) جار ناچار Mittel; tschâr u nâtschâr nolens volens. — [6]) نزول ايلمك absteigen. — [7]) كفايت genügen. — [8]) استكرا ١ müthen.

olmáſz, baschqá gedschê gelírim. — 11. Nitschín olmáſz? mejêr bir jerê sifzdén wa'dê-mi āldylár? ¹) Ewêt, aḥibbā-dán ²) birinê bu gedschê gelírim dejí ³) söſz werdím. — 12. Schindí pek téſz-dir; nerejê gidijorsuñúſz? Baschqá ischím-de war, tcſz gitmeklijím láſzím-dir. — 13. Nê ischiñíſz war, we nerejê gidedschéksiñ? Ol mesdschidê gidêrim, ikindí-namāſzyný ⁴) edâ etmejê ⁵). — 14. Jol jorghunlughun-dán ⁶) tschyqarmáq itschín sifzê iltidâ'én ⁷) ḥammāmá git-mêk láſzím-dir. βabāḥláyn ḥammāmá gitdím.

11. Namāſzý buradá edâ ejlcjíñ! Ābdestím joq. — Ibríq gelirsinlêr! ābdést ālyñýſz! Ben βydscháq βû istêrim. — O'-dá war, sûjlêjim gelirsinlêr. Kim getirír uschaqlár buradá joqdurlár. — Bir jerê gitdilêr; schindí gelirlêr. Anlár gelíndschejê qadár bén bir dolaschájym ⁸). — Bir aſzydschýq βabr bujuruñúſz, bén-de gelírim. Sifz ſzaḥmét tschêkmejiñíſz, gendí jeriñiſzdê duruñúſz! Ajáq qnblarým ⁹) jóq-dur. — Nitschín joq? nê olmúsch-dur? Bûmejórum, geldijím waqýt pābūdschlúq-da tschyqardým; schindí jóq-dur. — Benfm tschiſzmemí gljiñíſz! Chair, gendimñkiní birí gjötürmüsch idí, schindí getirdí. — Tschoq uſzáq gitmejñ! Chair gitmêm, báſzārdán dönürüm. — Iachtê uschaqlár gel-dilêr; goliñíſz, ābdést ālyñýſz! Bon gendím buradá ābdêst āldým. — 10. Muβluqdán ¹⁰) βû gelmejór, nê japdyñýſz? Itscheridén bir miqdâr βû wersinlêr! — Seddschādê¹¹) ḥāzír-dir, goliñíſz! Ben buradá namāſzý qyldým; seddschādejí döschbürsünlêr! — Nārghīlejê mejliñíſz wár-my? Nitschín

---

¹) *Vielleicht* (مكر §. 813) *zu einem Orte von Ihnen Versprechen haben sie genommen.* — ²) احباء arab. Plur. v. حبيب *habīb Freund.* — ³) Nr. 131. — ⁴) مازى ايكنديً *Nachmittagsgebet.* — ⁵) اتمك انا *zahlen, ver-richten.* — ⁶) يورغونلق *Ermüdung.* — ⁷) ابتدا *Anfang.* — ⁸) طولاشمق *herumgehen.* — ⁹) قاب *Schuh.* — ¹⁰) موصلق *Krahnen.* — ¹¹) سجاده *Gebetsteppich.*

mejlím joq? ejér getirirlérse fend olmáſz. — Ejér istersełíſz, qa'hwé pischirsinlér. Qa'hwé chosch-umá gelméſz ¹), tschay pischirsinlér.

III. 1. Qatsch jýl-dyr nerodé idińíſz? Bendeńíſz ikí butschúq jýl-dyr Īrān-dá idím. — 2. Bendeńíſz ischítmemísch idím; hanghý sené gitmísch idińíſz Īrāná? Bendeńíſz ikí deſá gitdím : ewwelkí deſá biń ikijúſz ellí bir senceí idí; βoūrá ellí ikí awāchiryndá ²) buradán jinó Īrāná 'afzīmét ³) idíp bu soné, ki biń ikijúſz ellí bésch-dir, mäh-i robt'ūl-ewweldé Istamboldá wārtd oldúm; bu deſá dahý müddét-i seforimíſz jirmí jedí ay-dyr. — 3. Īrāná né maşlahát itschín gitmísch idińíſz? Bir ischím joghudá, hemān sijāhét itschín gitmísch idím. — 4. Doghrusunú süjléméjórsuńúſz : sifz tharáſ-i dowlét-i 'alījje-dén müstaqillén ⁴) mc'emūr olúp gitdińíſz. Artýq teſβū lāfzím dejū : sejr ü sijāhetó ⁵) arſzū idíp gildím. — 5. Sijāhetlū né fā'idesí wār ki sifz ichtijār idíp ⁶) gharīblijé rāzí olduńúſz? Bu né sö'fz-dūr, benim dschānýín ? sijāhetíń fawā'idí ⁷) tschóq-dur. — 6. Söjlejińíſz, bíſz-do bilelím! Basch tistūné, sifzí ägjáh ⁸) idéjim, ejér basch aghryşý wermélzso. — 7. Bujuruńúſz, memnūn u mesrūr olúrum! Sifz bilméfzmisińíſz ki 'ārifíór ⁹) dahý sijāhét étmejíndscho kjāmíl olmnfzldár? Insún sejr ü sijāhét ilé puchté ¹⁰) olúr, we her schcj'é āschinālýq ¹¹) haşīl idér ¹²) ; ejér sijāhet 'ādét ¹³) ólmajdydy, ahwāl-i dschihān-y bifzleré kím chnbér werír idí? Ahwāl-i memnūlík ū dijár sijāhét ilé bilinír. Sifz ischítmedińíſz-mi, ki e'hl-i Ewrōpá sejr ü sijāhét sebebíjé né-qadár

---

¹) Redensart wie كلور كوجــمــد vgl. S. 861. — ²) اواخر arab. pl. v. اخر achir die letzten Theile. — ³) عزيمت Abreise. — ⁴) مستقل besonders. — ⁵) سير وسياحت Synonym vgl. §. 25°. — ⁶) اختيار — ⁷) فوائد arab. plur. v. فائدة Nutzen. — ⁸) اكل frei wählen. — ⁹) عارف der Wissende. — ¹⁰) پخته gekocht, reif. — ¹¹) آشنلق Bekanntschaft. — ¹²) حاصل einernten. — ¹³) عادت Gewohnheit.

memleketlér buldulár we elé getirdilér?[1]) Amerīqá mefellí, ki fzemīnín dört aqsāmyndán biri-dir, ki Ewrōpá we Asijá we Afrīqá we Amerīqá námílá ına'rūf-dur.

IV. 1. Īrān bu dört aqsāmdán ḥanghý qesm-dé wāqí'-dir?[2]) Āsija-dá-dyr; Īrān-da besch qesmé mūnqasím-dir, ki Afzerbejdschān we 'Irāq we Fārs wo Chorāsān we Taberistān-dyr, we hér bir qesm-dé nidschó schehirlér wár-dyr, ki hér biri bir ejālét i'tibār olunúr[3]). — 2. Bu besch aqsāmdán ḥanghysý fzijādé būjūk-dür? 'Irāq dschūmledén fzijādé wāsí'-dir. — 3. 'Irāq-i 'aréb dahý bu qesiné dāchíl-mi-dir[4]) joksá dejíl-mi-dir? Chair, 'Irāq-i 'aréb āyrý-dyr, we bá 'Irāq-i 'adschém[5])-dir, ki memālíj-i Īrānýn eū a'lā mcḥallýdyr, we Teherān, ki pāyi-táoht[6])-i Īrān-dyr, ó daḥý 'Irāq-i 'adschemé dāchíl - dir. — 4. 'Irāq-i 'aréb ḥanghysý-dyr? Baghdād we Baghdād ḥūkjūmetiné muta'allíq[7]) memleketlorinín dschūmlesiné 'Irāq-i 'aréb derlér, ki dewlét-i 'alījjé-i 'ofmānijjenín fztr-i teβarrlsündé-dir[8]). — 5. Baghdād dschāuibindén[9]) Irāná né-qadár jol olúr? Bendeñífz o joldán gítmedijimdén ma'lūmātým[10]) jóq-dur, we lakín tahqíq itdijimí[11]) sūjléjim : ejértschi chalq[12]) Istanıboldán Baghdādá besch jūfz sā'át derlér, lakín bendeñífzín ın'ḥqīqimé gjūré[13]) dört jūfz ellí sā'át olúr. — 6. Baghdād-dán ḥudūd-i[14]) Īrānijje-jé qatsch sā'át-dyr? Bu jolá pek bilmém; bu qadár ma'lūmúm oldá-ki Baghdād-dán Kermānschāhāné-qadár, ki 'Irāq-i 'adschem-dé bir meschhúr schehir-dir, ejér qāfílé[15])

---

[1] اعتبار *rich aneignen.* — [2] واقع *liegend.* — [3] الد كتو,مكى *sich aneignen.* — اولنمك *geachtet, gerechnet werden.* — [4] داخل *eintretend.* — [5] عاجم *Barbar, Perser, Persien.* — [6] تخت *Fuſs des Thrones, Residenz.* — [7] متعلق *anhangend.* — [8] تصرف زير *wörtl. das Unter dem Beſitz.* — [9] جانب *Seite.* — [10] معلومات *arab. plur. bekannte Dinge, Kenntniſse.* — [11] تحقيق ابتمك *abschätzen.* — [12] خلق *Volk.* — [13] كوره *gemäſs* §. 298. — [14] حدود *Gränzen* ar. pl. v. حد *ḥadd.* — [15] قافله *Karawane.*

ilé giderlér iaó, on iki menfzíl-dir; andán dahý Teheráná on besch qāfilé-menfzill-dir, ki dschümlesi Baghdād-dán Teheráná jirmí jedi menfzíl olár.
V. 1. Īrāndá ḥanghý lisān iló tokellüm iderlér? Afzerbejdschān-dá ekfér [1]) türkí we aqallán [2]) fāret, we sā'ir memālij-i Īrāndá bi'l-'aks [3]), ja'ni [4]) ekfér fāret we aqallán türki. — 2. Schindí sifzíū kelāmyūyfzdán öjló aūlaechyldý, ki Afzerbejdschūn mefellí [5]) bütün Irāndá türkí bilenlér wár-dyr. Ewét, her jerdé 'aschā'ir [6]) we il'lāt-dán [7]) ba'aży ādemiér bulună bilir, ki anlár ekferijjén türkí mükjālemó iderlér; wo ba'aży schchirlér dahý wár-dyr, ki Afzerbejdschāná qarib-dir, ó-aralar-dá [8]) dahý türkí tekellüm iderlér, we-illá [9]) áṣl-i [10]) 'Iráq wo Fārs we Chorāsān lisāný fāret-dir, türkí bilmeízlér. — 3. Irāndá qatsch türlű jafzý mütedāwil-dir? [11]) Oradá her türlű jafzý wár-dyr, we lākin mektūblarý iki jafzý iló jafzarlár. — 4. O didijiñfz iki nów'-i [12]) chátth ḥanghysýdyr? Biri neata' alíq [13])-dir, ó biri schikestó [14]). — 5. Nesta'alíq-dán mürādyūýfz ḥanghý new' jafzý-dyr? Chatth-i ta'aliq-dir, ki Irāndá nesta'alíq derlér; çannymá nes'ch-i ta'alīq-dán [15]) muchaffáf olmúsch olá, ejórtschi ta'alíq dahý bir müstaqfll chátth-dyr, ki bifzím dīwāni jafzymyfzá müschābíh-dir; schikeató jafzý buradá mütedāwíl dejú-dir. — 6. Nitschín nüwischte-ji [16]), ki kelimé-i fārsijjé-dir, qā'idé-i 'arebijje-jó muwāfíq olaráq dschem' idíp, nüwischtedschāt [17]) didiūífz? Be'is jóq-dur, bu mefellí dschem'lér

---

[1]) اكثر, اكثرى, اكثرًا ekfér, ekfurí, ekferíjjén *das Meiste, meistens.* — [2]) اقلّ *das Wenigste.* — [3]) بالعكس *verkehrt.* — [4]) يعني ar. ja'ní §. 277. — [5]) مثل *Beispiel.* — [6]) عشائر arab. plur. v. عشيرة 'aschīró *Stamm.* — [7]) Arab. plur. zu türk. ايل *Stamm.* — [8]) ارا ará *Ort, Gegend.* — [9]) والّا andernfalls. — [10]) اصل *Wurzel.* — [11]) متداول. — [12]) نوع. — [13]) تعليق (Gewebe) d. i. *Schrift des Hängens,* von rechts nach links hängend §. 4. — [14]) شكسته *gebrochen.* — [15]) نستعليق. — [16]) نوشته *geschrieben, Schrift.* — [17]) نوشتجات.

lisân-i fârsijje-dé tschóq-dur, fermājischât¹) we-dihât²) we-bâghât³) mefellí. — 7. Nüwischte-ji né mehall-dá isti'mâl iderlér? Bunú gerék-dir tefβil-ilé 'arż⁴) idéjim: bir kjâghít, ki pādischûh tharafyndán jaſzylmýsch olá, añá fermân derlér; ejér schāhſzādelér tharafyndán olúrsa, raqám⁵) derlér; ejér ḫükkjâm⁶) u ümerâ⁷) tharafyndán olúrsa, ta'līqó derlér; ejér aḫbābdán aḫbābá⁸) olúr isé, müräselé (Sendschreiben) we nüwischté derlér; ejér kütschüklerdén bujükleré olúr isé ṣerī'é⁹) we 'arīżé¹⁰) derlér, we-lakín serī'é 'arīze-dén joqarý-dyr.

VI. 1. Īrān-dá schi'ír¹¹) oqumajá we söjlemejé mejl iderlér-mi? Sén né söjlejórsun? schi'irín Īrān-dá hor jerdén ſzijādé raghbetí¹²) wár-dyr, we schu'arâ¹³) dahý oradá tschóq-dur, we aqsâm-i naçm-dán¹⁴) her bir qesm-dé kemûl-i¹⁵) ıneleké¹⁶) wü mehāretlerí¹⁷) wár-dyr, chuβūβá ghaſzál¹⁸) we qaβīde-dó¹⁹) mefellerí jóq-dur, we-lakín tārīch²⁰) söjlemek-dé schu'arâ-i Istambolúñ kja'abyná²¹) wāβíl olámaſzlar. — 2. Schu'arâ-i müteqaddimīndén ḫanghylaryný bejenirlér? Īrān-dá ekfér ghafzalijât-i Schejch Sa'adī we Chōdschâ Ḥāfiẓí oqurlár we bejenirlér.

3. Ben tschodschuqlughumdán schindijé-qadár tschoq fārsí oqudúm, we ḫālá dahý oghraschmaqdájym, jiné tekellüm etmekdé ſzaḫmét tschekijórum we maqβūdumú²²) doghrú sūlatmajá qādír²³) olámajórum, we sebebiní dahý bílmejórum-

---

¹) فرمایشات Befehle. — ²) دهات od. دیهات Dörfer. — ³) باغات Gärten. — ⁴) عرض Breite. — ⁵) رقم Schrift. — ⁶) حکم arab. pl. zu حاکم hakím Statthalter. — ⁷) امراء arab. plur. zu امیر emīr Fürst. — ⁸) احباب arab. plur. zu حبیب habīb Freund. — ⁹) نزر Entschuldigung. — ¹⁰) عریضه Unterbreitung, Bittschrift. — ¹¹) شعر Dichtung. — ¹²) رغبت Verlangen. — ¹³) شعراء arab. plur. zu شاعر scha'ír Dichter. — ¹⁴) نظم Poesie. — ¹⁵) کمال Vollendung. — ¹⁶) ملکة Uebung. — ¹⁷) مهارت Vortrefflichkeit. — ¹⁸) غزل Gasel. — ¹⁹) قصیدة längeres erzählendes Gedicht. — ²⁰) تاریخ Geschichte. — ²¹) کعب. — ²²) مقصود Absicht. — ²³) قادر vgl. Nr. 146b.

ki né dérsifz, né bujurúrsuľz? — Ejértschi tekellǘm etınék
mümāresetó¹) mauqūf-dur²) we e'hl-i lisān³) ilé mükjālo-
mejé muḫtādsch-dyr, we-lakín buradá oquma-dá we dérs
ālmaq-dá daḫý quβûr⁴) idejorlár, wo bir tschodschúq dahá
fārsí on loghát efzberlémemíech⁵) ikén Gülistān-dán ders
wormejé tnschlarlár, we henüſz Gülistāndan bir bābý temām
olmeksifzín⁶), Hāfíç dīwānyný oqumajá bsschlarlár, we
Hāfıçíū esch'āryndá⁷) eksér-i te'wīlāt⁸) iló oqurlár; bunlár
būtûn mübtedí itschín βu'übetí⁹) müdschíb-dir¹⁰), fzīrá ki
Gülistān bir kitāb-dyr, ki Irān-dá bilé¹¹) mübtedīleró ders
werirlér, lisānlrrý fārsí oldughú ḫāldá, artýq bilmém, buradá
bir kimsé, ki mübtedí olá, Gülistān oquma-dán nó fā'idó
ḫāβíl idér!¹²) Mübtedījé ewwél loghát efzbérlemék lāfzím-
dir, βoūrá bir kitābý oqujá, ki 'ibāresí sehíl we lisān-i 'a-
wûmm¹³) üfzré jafzylmýsch olá we itschindó ebjāt¹⁴) we 'arebí
terkíb óhnajá, we oqudughú waqýt taβríf¹⁵) we ischtiqāqá¹⁶)
we ḫuβûl-i ma'āní itschín getirilén ḫurūfá we kelimātá diqqót
ejlejó¹⁷), we fārsí bilenlér-ilé βuḫbét ü mükjālemé ejlejé.
We chōdschnsý-da ders oqutdughú waqýt bir def'á ma'na-
laryný tefhím¹⁸) itdikdén βoūrá, bir def'á daḫý schāgirdíū
aūlajadschaghý qadár¹⁹) fārsí süjlejíp we loghát sū'āl ejlejé,

¹) اقل لسان — ²) موقوف gestellt, beruhend. — ³) ممارسة Uebung. —
Volk der Sprache. — ⁴) قصور Verkürzung, Fehler. — ⁵) ازبر auswendig,
ازبرلمك a. lernen. — ⁶) §. 297. — ⁷) اشعار arab. plur. su شعر schi'r
Gedicht. — ⁸) تأويل besondere Erklärung schwieriger Stellen. —
⁹) موجب Schwierigkeit. — ¹⁰) موجب verursachend. — ¹¹) §. 299. —
¹²) حاصل اينمك ärnten. — ¹³) عوام arab. plur. su علم 'Amm Volk. —
¹⁴) ابيات arab. plur. su بيت bejt Vers. — ¹⁵) تصريف Deklination und
Conjugation. — ¹⁶) اشتقاق etymolog. Ableitung. — ¹⁷) we huβ. u. s. w.
wörtl. : und auf (die) des Gewinnens der Bedeutungen الجلب arab. pl. v.
معنى ma'na Bedeutung) wegen beigebracht werdenden Partikeln und Wör-
ter (كلمات pl. v. كلمة kalimé Wort) Aufmerksamkeit mache er! —
¹⁸) تفهيم das Verstehenmachen. — ¹⁹) Nr. 138.

tå 'ibåredén ma'ná istichrådschyná qudrét ḥaßíl idé¹) we
sur'át-i fe'hm daḥý ḥußūlá golé; βoñrá ders terdschemé
etmejé baschlajá, fārsīdán türklĵé we türkīdén fārsĭjá; bú-
da bir miqdår ḥußūlá geldikdén βoñrá Güliståu we dīwån-i
Hāfiçí oqujá.

4. Ejértschi såt-i ālīnyfzá²) chuylý fzaḥmét werdím,
we-lakín bendeñifzó tschoq fā'idé ḥāßfī oldú : schindijé-dek
ne βordúm isé, dschewåbyný doghrú werdiñífz. Chudá dew-
letiñifzl fzijådé ejlesín we mürādyñyfzý worsín, we βaḥḥaty-
ñýfz dā'ím olsún!

VII. Bir chorós topraghý eschír-ikén⁵) bir indschí⁴)
buldúr. Ne ejléjim bunú? dedí, — mālý we fzīnetí⁵) gjöñū-
lüm istemélz; bir qalsch tånó arpá istér; bir indschinín banå
fā'idesí né-dir? Bilírim, dedí, aný βatájym, añýn bahåsílå
bir awúdsch⁶) arpá ālájym, dedí, bir dschewåhirdschí dükkjā-
nyná wardý : Senín ilé ālýsch werísch idéjim, buldughúm
indschijí saná weréjim; sén daḥý baná né werírsin? Dsche-
wåhirdschí dedí : bir arpá weréjim. Chorós : benín-de
istedijím bú-dur, dedī. Bunúñ üfzeriné bāfzår idíp bu
bāfzārí ikisí-de qā'íl⁷) oldulár.

VIII. Bir mektéb-tschodschughú, kitåbá iqtiżásý⁸)
olduqdá, jafzdý düstunúñ biriné ki gendí itschín βatýn ālsýn,
dejerók ki parasyný gjönderedschék mūnásíb⁹) furβåt¹⁰) ilé.
Bu dōstú sipārischyný¹¹) i'hmål¹²) itdí. Bir áfz waqytdán
βoñrá ó tschodschughá rást geldikdé dedí aña : dōstúm,

---

¹) Construire : tå ḥaßfī idé (damit er gewinne) qudrét (قدرت Kraft)
ma'ná Istichr. (استخراجـنــد‎ sum Sinn herausbringen) 'Ibåredén
(عبارتدن aus der Phrase) und damit Schnelligkeit des Verstehens (سرعت
قهم) auch sum Gewinne komme (حصوله کلد). — ²) Vgl. §. 158. —
³) اشمك auſtcharren, vgl. Nr. 184. — ⁴) أنجر Perle. — ⁵) زينت Schmuck.
— ⁶) اوج eine Handvoll. — ⁷) قائل einstimmend. — ⁸) اقتضا Nothwendig-
keit, vgl. Nr. 147a. — ⁹) مناسب passend. — ¹⁰) فرصت Gelegenheit. —
¹¹) سپارش Bitte, Auftrag. — ¹²) اهمال Vernachlässigung.

güdschümé gelír¹) ki bením elimé gelmedí o mektûb, kì baňá kitâb sipārísch idijór udúñ.

IX. Dikén²) bir kerré bostandschyjá dedí ki: ejér bením itschín bir kimsé i'htimâm³) edíp bení bostānýñ ortasyná dikéjdí we bení her gün βūwaryp baňá chismét edéjdí, pādischāhlár benim luthāfetymá we tschitscheklerimé we mejwelerimé mā'íl⁴) olurlár idí. Pes bostandschý aný ālýp bostānýñ ortasyndá eñ lathif jerdé dikdí we gündé ikischér defá βuwardý⁵). O sebéb ilé dikén bostānýñ itschindé tschoghalýp⁶) qawí⁷) oldú we budaqlarý⁸) dschümlé athrāfyndá olán aghadschlará mülteserrf⁹) oldú we kjökü¹⁰) jer itschiné quwwetleníp¹¹) daghyldý¹²), we dikén ilé bostân dolúp¹³), kimsé itschiné girmejé qādír¹⁴) olmadý.

Bir ādém bir jaramáíz¹⁵) kischí ilé qonuschsá, ne-qadár añá i'tzāíz¹⁶) u ikrâm ejlesé, schirrét¹⁷) ü temerrüdü¹⁸) ízijādé olúr, we añá i'hsân itdíktsche¹⁹) o isā'etín²⁰) ízijāde ejlér.

¹) كوجمد كلور vgl. S. 881. — ²) ديـكـن Dorn. — ³) اغتمام Sorgfalt. — ⁴) مــائــل sich runeigend. — ⁵) صــوارمــف wässern. — ⁶) جوغـلـمف viel werden, sich vermehren. — ⁷) قوي stark. — ⁸) بوداق Knorren. — ⁹) متفرع sich verzweigend. — ¹⁰) كوك Wurzel. — ¹¹) قوتلنمك stark werden. — ¹²) داغلمف sich ausbreiten. — ¹³) طولمف voll werden. — ¹⁴) قادر im Stande vgl. Nr. 148b. — ¹⁵) يرامار er taugt nicht, nichtsaugend. — ¹⁶) اعزاز Liebe. — ¹⁷) شرت Schlechtigkeit. — ¹⁸) تمرد Widerspenstigkeit. — ¹⁹) Nr. 189. — ²⁰) اسائت Bosheit.

II. Abtheilung.

Transscription, Interlinear-Version und Uebersetzung

der

Lesestücke.

Zurûb-i emſâl.

Sprüchwörter *).

1. örér, kerwân **) getschér. 2. Atesch-dén qor-
Der Hund bellt, die Karawane geht vorüber.   Vom Feuer der sich Fürch-
qán tütündén βaqynýr. 3. Atylán oq dönméſz.
tende vom Rauche hütet sich.   Geworfen seiend der Pfeil kehrt nicht um.
4. Ihrâm derwīschí etméſz. 5. Adém ademé
Der Pilgermantel den Derwisch macht nicht.   Der Mensch dem Menschen
gerék-dir. 6. Arýq ta'uqdán scmíſz tiríl olmáſz. 7. Eskí
nöthig ist.   Mager von der Henne fette Brühe wird nicht.   Alte
panbáq tel olmáſz. 8. Eschejiñí ewwél baghlá, βoñrá
Baumwolle Faden wird nicht.   Deinen Esel zuerst binde an, danach
teñrijé yβmarlá. 9. Yβyrán it dischín †) gjöstermész.
dem Gotte befehl.   Beissender Hund seinen Zahn zeigt nicht.
10. Efendiniñ naçarý átá tīmâr-dyr.
Des Herren sein Blick dem Pferde Pflege ist.
11. Aqtsché werén düdük tschalár. 12. Egrí otúr
Geld der Gebende Flöte bläst.   Krumm sitze,
doghrú söjlé! 13. Egrí gemí, doghrú seſér. 14. El
grad rede!   Krummes Schiff, grade Reise.   Die Hand
elí juwár, ikí el júſzú juwár. 15. Elmá gendí
die Hand wäscht, zwei Hände das Gesicht waschen.   Der Apfel eigen

---

*) żurûb ar. pl. v. ضرب żarb Schlag, Prüfung; emſâl ar. pl. v.
مثل meſél Gleichniss. — **) Auch كروان kjarwân, karwân pers. — †) Für
ديشنى dischiní §. 155.

agbadschyndán yráq dúschméfz. 16. Andán ejisí
vom Baume weit fällt nichts. Von diesem sein Besseres
jóq-dur : né bilírim, né gjördüm. 17. Insán
gibt es nicht : weder weifs ich, noch habe ich gesehen. Der Mensch
tedbír idér, alláh taqdír. 18. Ortaqlýq ökúfzdén
Plan macht, Gott Entscheidung. Gemeinsamkeit vom Ochsen
baschqá bufzaghý jék-dir. 19. Öksúfz oghlán gjöbejí
einzeln sein Kalb besser ist. Elternlos das Kind den Nabel
gendí kesér 20. Ökjé ilé qalqán fzijân ilé oturúr.
selbst schneidet ab. Zorn mit der Aufstehende Schaden mit setzt sich.

21. Ummúlmaján tasch jarár basch. 22. U-
Nicht gehofft werdend der Stein verletzt ein Haupt. (Der) schla-
júr jylanýû quyrughuná báßmal 23. Ikí testí bir
fenden Schlange auf ihren Schwanz tritt nicht! Zwei Krüge einer
biriné doqunsá birí qyrylýr. 24. Ikí
an den Einen davon wenn sich stöfst einer davon wird zerbrochen. Zwei
8. 2. re'ís bir gemí batyryrlár. 25. Ikí qarpúfz
Kapitäne ein Schiff machen untergehen. Zwei Wassermelonen
bir qoltughá ßyghmáfz. 26. Il itschín aghla-
(nu) einer Schulterhöhle geht nicht hinein. Volkes wegen der Wei-
ján gjöfzsíífz qalýr. 27. Ejilík ejlé denifzé braq! ba-
nende augenlos bleibt. Gutes thue dem Meere überlasse! der
lýq bilméfz-isé chálíq bilír. 28. Babá oghlá
Fisch wenn nicht weifs der Schöpfer weifs. Der Vater dem Sohne
bir bágh wermísch, oghúl babajá bir ßalqým
einen Weinberg hat gegeben, der Sohn dem Vater ein Büschel
ufzúm werméfz. 29. Bal bal demej'lé aghýfz tatlý
Trauben gibt nicht. Honig Honig mit-Sagen der Mund süfs
olmáfz. 30. Bir ewdé chorós tschoq olúndscha ǯabáh
wird nicht. In einem Hause Hähne viel wenn sind Morgen
getsch olúr.
spät wird.

31. Bir bu-gün ikí jarysyndán jék-dir. 32. Bir
Ein heute zwei als seine Morgen besser ist. Eine
tschitschék ilé jafz olmáfz. 33. Bir def'á dúschén
Blume mit Sommer wird nicht. Ein Mal fallender
ádém bír-dahý dúschméfz. 34. Bir söjlé, ikí fikr
Mensch noch-einmal fällt nicht. Eins sprich, zwei Gedanken

ejlél 35. Bejíñ tscheschme-sindén βŭ ítschme!
mache! Des Fürsten aus seiner Quelle Wasser trinke nicht!
36. Bcní βajanýñ qulújum, βáymajanýŭ ßul-
(Des) mich Achtenden sein Diener bin ich, des Nichtachtenden sein
tháný-jym. 37. Bu-günkí jumurtá jarynkí ta'uqdán
Herr-bin ich. Heutiges Ei (als) morgige Henne
jék-dir. 38. Bordschßúfz jochßúl bejdén jék-dir.
besser ist. Schuldenloser Armer als Fürst besser-ist.
39. Bosch toprá*) ilé ät tutulmáſz. 40. Bundán
Leer Futtersack mit Pferd wird nicht gefangen. Von hier
besch jilé-dek jä dewé olür jä dewedschí.
fünf Jahre-bis entweder das Kameel stirbt oder der Kameeltreiber.
41. Pejnír jején βŭ bulúr. 42. Tembellík
Käse der Essende Wasser findet. Die Faulheit
jap jap gidér we faqírlyghý joldá bulúr. 43. Tütün
langsam langsam geht und die Armuth am Wege findet. Rauch
tschoq, kebâb joq. 44. Tütündén qortulmáq-itschín
viel, Braten nicht. Vor dem Rauche des Fürchtens-wegen
ätésch itschiné dúschme! 45. Siqletlér öjütlér.
Feuer in sein Inneres falle nicht! Schwierigkeiten Rathschläge.
46. Dschâmí' né-qadár büjúk olsá, inâm bildijiní
Die Moschee wie-sehr groß sei, der Prediger sein Gewußtes
oqúr. 47. Tschoq qaryndschá arslaný öldürür. 48. Hai-
liest. Viel Ameisen einen Löwen tödten. Das
wân ölür, semerí qalýr; insân ölür, ádý qalýr.
Thier stirbt, sein Sattel bleibt; der Mensch stirbt, sein Name bleibt.
49. Haiwân jularyndán, insân iqráryndán tutu-
Das Thier bei seinem Halfter, der Mensch bei seinem Worte wird
lúr. 50. Chalq jänyndá eschejíñíñ quyrughún
gefaßt. Volk an seiner Seite deines Esels seinen Schwanz
kés-me : kimí ufzún-dur, kimí qyʒá-dyr der.
schneide nicht: Mancher lang ist, Mancher kurz ist sagt.
51. Dildén gelén eldén gelsé, her
Von der Zunge das Kommende aus der Hand wenn käme, jeder
faqír báscha olúr. 52. Dilíñ gemijí jóq-dur,
Bettler Bascha würde. Der Zunge ihren Knochen gibt es nicht,

*) Für torbá.

ammá gemijí qyrár. 53. Tílkinfñ 'áqibét gele-
aber den Knochen sie zerbricht. Des Fuchses am Ende sein Kam-
dschejí kürkdschünüñ dükkjány-dyr. 54. Dóst fená
man werden des Kürschners sein Laden ist. Der Freund schlecht
waqytdá bilinír. 55. Dóst-ilé jé ftsch, álysch werísch
in der Zeit wird erkannt. Mit dem Freund iss', trinke, Geschäfte
étme! 56. Dewedschí-ilé döstlúq idén
mache nicht! Mit dem Kameeltreiber Freundschaft der Machende
qapujú büjük ätschmalý. 57. Sert sirké gendí
die Thüre gross muss öffnen. Scharfer Essig seinem eigenen
qabyná żarár idér. 58. Sén tschelebí, bén tschelebí,
Gefässe Schaden macht. Du ein Herrchen, ich ein Herrchen,
átý kim qaschýr? 59. Sözz war isch bitirír;
das Pferd wer striegelt! Ein Wort ist, Geschäft vollendet es;
sözz war básch jetirír. 60. βaqál baschá qorbán
ein Wort ist, Kopf sendet es. Der Bart dem Haupte Opfer
olsún!
soll sein!

B. 3. 61. Soñrá gelén kim isé, qapujú ól
Nachher der kommende wer wenn ist, die Thüre dieser
qapár. 62. βaryghýñ aghardyghyná báq-ma! βäbüná
schliesst. Des Turbans auf seine Weise schaue nicht! seine Seife
werusijé-dir. 63. Tatlý dil jerdén jylaný tschy-
auf Borg ist. Süsse Zunge aus der Erde die Schlange bringt
qarýr. 64. Tanyschán dagh áschmýsch, da-
heraus. Der sich Erkundigende einen Berg hat überstiegen, der
nýschmaján joldá qalmýsch. 65. βabr-ilé
nicht sich Erkundigende auf dem Wege ist geblieben. Mit Geduld
qorúq halwá, tut*) japraghý atlas olúr. 66. Topál-
saure Traube Confekt, Maulbeerblatt Atlas wird. Mit dem
ilé gjörüschén aqsamáq**) öjrenír. 67. Doghrú
Lahmen der Umgehende hinken lernt. Grade
söjlejení doqúfz schchirdén sürerlér. 68. 'Aráb 'ara-
den Redenden neun aus Städten sie jagen. Der Araber dem
bá : jüzüñ qará, demísch. 69. Qarghá qargha-
Araber : dein Gesicht schwarz, hat gesagt. Die Krähe der

*) Besser ثروت. — **) Auch اقتصمش, اقتصاد.

nýň gjöſzünü tschýqarmáſz. 70. Qarajá βäbûn,
Krähe ihr Auge sieht nicht aus. *Dem Schwarzen die Seife,*
delijé öjüt ne ejlesín?
dem Narren Rath was soll machen?

71. Qażá geldikdé dänísch gjöſzü kjör olúr.
Die Entscheidung wenn kommt die Weisheit ihr Auge blind wird.
72. Qodschaınýsch tilkí äghdán qorqmáſz.
Alt geworden der Fuchs vor dem Netze fürchtet sich nicht.
73. Qurt tüjünü dejischdirír, chújunú dejischdirméſz
Der Wolf sein Haar verändert, seine Natur er nicht ändert.
74. Qurt qodschajýndscha kjöpejíň mas'charaaý olúr.
Der Wolf wenn alt wird des Hundes sein Spott wird.
75. Qojún bulúnmadyghý jerdé kotschijé 'ab-
Das Schaf sein Nichtgefundenwerden am Orte der Ziege Abdur-
dü'rrahmân tschelebí derlér. 76. Kedí dschigerí
rahman junger Herr sagen sie. *Die Katze die Leber*
görüp jetischméſzse bu gün urúdsch-dur der 77. Gül
sehend wann nicht erreicht heute Fasten ist sagt. *Rose*
dikenstíz olmáſz βaſá dschefäsýſz olmáſz. 78. Kjör
ohne Dorn ist nicht, Freude ohne Schmerz ist nicht. *Blind*
quschúň juwasyný teßrí japár. 79. Kjörlerîň arasyudá
des Vogels sein Nest Gott macht. *Der Blinden in ihrer Mitte*
sen dahý gjöſzüň qapá! 80. Gjöſzdén uſzáq olán,
du auch dein Auge schliefse! *Vom Auge weit seiend,*
gjönüldén dahý uſzáq.
vom Herzen auch weit.

81. Laqyrdý ilé pyláw olmáſz. 82. Lejlejíň
Sprechen mit Pilav wird nicht. *Des Storches*
'ömrü lek lek ilé getschér. 83. Mermerdén tüy
sein Leben Lek Lek mit geht vorüber. *Vom Marmor Flaum*
bitméſz. 84. Müft sirké baldán tatlý. 85. Naßı-
wächst nicht. *Geschenkt Essig vor Honig süfs.* *Dein*
bíň war-isé, gelír jemendén; naβibíň joghysá,
Schicksal wenn-ist, es kommt aus Jemen; dein Schicksal wenn nicht ist,
düschér dibendén. 86. Né ekérsin aný bitschérsin.
es fällt vom Munde. *Was du säest, das ärntest du.*
87. Werén elí kimsé kesméſz. 88. Her aghlamanýu
Gebend die Hand Jemand schneidet nicht. *Jedes Weinens*

gülmesl wár-dyr. 89. Her gün bejrâm dejíl. 90. Já
ein Lachen ist. *Jeder Tag Beiram ist nicht.* *Entweder*
fzór já fzér, já schehirdén sefér!
Gewalt oder Gold, oder aus der Stadt die Reise!
91. Játáu aralandán gefzén tilkí jék-dir.
Liegend vor einem Löwen spazierend ein Fuchs ist besser.
92. Já dewé já dewedschíl 93. Jaßlýach hiaáb
Entweder Kameel oder Kameeltreiber! *Irrthümlich e. Rechnung*
baghdád'dán dönér. 94. Jer demír, gjök baqýr!
von Baghdad kehrt zurück. *Die Erde Eisen, d. Himmel Kupfer!*
95. Jalandachyjá quwwé-i ḥāfiçé achárth-dyr. 96. Jara-
Dem Lügner Kraft, behaltende, Bedingung ist. *Nichts-*
máfz ādém bāfzár bofzár, ejí ādém bāfzár japár.
würdig e. Mann Geschäft verderbt, gut e. Mann Geschäft macht.
97. Jaghmurdán qatachán dolujá oghradý. 98. Jor-
Vom Regen der Fliehende in den Hagel ist gekommen. *Seiner*
ghanyná gjöré ajaghyßý ufzátí 99. Jemeksífz jat-
Decke gemäß deinen Fuß strecke! *Ohne Essen schlafen-*
8. 4. máq bordach-ilé qalqmaqdán jék-dir. | 100. Tehí-dest
gehn mit Schulden vor dem Aufstehen gut-ist. | *Leer-Hand*
qapujá waradů, efendi ujúr derlér; elinde
zur Thüre wenn du kommst, „der Herr schläft" sagt man; in deiner Hand
bir plschkésch war isé, efendím bujúr derlér.
ein Geschenk wenn ist, „mein Herr befiehl!" sagt man.

Uebersetzung der Sprüchwörter.

1. Der Hund bellt, die Karawane zieht vorüber.
2. Wer das Feuer fürchtet, scheut den Rauch. 3. Abge-
schossener Pfeil kehrt nicht mehr um. 4. Der Pilgermantel
macht den Derwisch nicht. 5. Der Mensch hat den Menschen
nöthig. 6. Magere Henne gibt keine fette Suppe. 7. Alte
Baumwolle gibt keinen Faden. 8. Erst binde deinen Esel
an, dann befiehl ihn Gott! 9. Hund, der beist, den Zahn
nicht weist. 10. Des Herrn Auge ist des Pferdes Pflege.

11. Wer das Geld gibt, der spielt auf. 12. Sitze krumm, aber sprich grade! 13. Sei das Schiff krumm, wenn nur die Fahrt grade ist. 14. Eine Hand wäscht die andere, beide Hände waschen das Gesicht. 15. Der Apfel fällt nicht weit vom Stamm. 16. Nichts Besseres als : ich weiſs Nichts und habe Nichts gesehen. 17. Der Mensch denkt, Gott lenkt. 18. Besser das Kalb für mich allein, als der Ochs mit Andern gemein. 19. Die Waise muſs sich selbst die Nabelschnur abschneiden. 20. Wer mit Zorn aufsteht, setzt sich mit Schaden nieder. 21. Unverhofft trifft der Stein den Kopf. 22. Tritt nicht der schlafenden Schlange auf den Schwanz! 23. Wenn zwei Krüge an einander stoſsen, bricht der Eine. 24. Zwei Kapitäne lassen das Schiff untergehen. 25. Man trägt nicht zwei Melonen unter Einem Arm. 26. Wer um alle Welt weint, wird blind. 27. Thu' das Gute und wirf's in's Meer; weiſs es der Fisch nicht, so weiſs es der Herr. 28. Dem Sohn gibt der Vater einen Weingarten; den Vater läſst der Sohn auf die Traube warten. 29. Von „Honig, Honig" sagen wird der Mund nicht süſs. 30. Wo viel Hähne im Haus sind, da wird's spät Morgen.

31. Besser Ein Heute als zwei Morgen. 32. Eine Blume macht keinen Sommer. 33. Wer Einmal gefallen ist, fällt nicht wieder. 34. Ueberlege zwei Mal, eh' du Einmal sprichst. 35. Aus des Fürsten Brunnen trinke nicht! 36. Ich bin dess' Diener, der mich achtet, doch dem Tyrann, der mich verachtet. 37. Ein Ei heute ist besser als die Henne morgen. 38. Arm und ohne Schulden ist besser als Fürst sein. 39. Mit dem leeren Futtersack fängt man kein Pferd. 40. Von heut in fünf Jahren ist entweder das Kameel todt, oder der Kameeltreiber.

41. Wer Käse iſst, findet auch das Wasser. 42. Die Trägheit geht langsam und findet die Armuth unterwegs. 43. Viel Rauch, kein Braten! 44. Aus Furcht vor dem Rauche springe nicht ins Feuer! 45. Noth gibt Rath. 46. Sei die Moschee auch noch so groſs, der Imam predigt nur, was er weiſs. 47. Viele Ameisen sind des Löwen Tod. 48. Das Pferd stirbt, sein Sattel bleibt; der Mensch stirbt, sein Name bleibt. 49. Das Pferd nimmt man bei der Halfter,

den Mann bei seinem Worte. 50. Vor den Augen der Leute stutze nicht deinem Esel den Schwanz; dem Einen ist er zu lang, dem Andern zu kurz. 51. Wenn die Hand hielte, was der Mund verspricht, wäre jeder Bettler bald Pascha. 52. Die Zunge hat keine Knochen, aber sie bricht Knochen. 53. Zuletzt kommt der Fuchs doch in des Kürschners Laden. 54. Den Freund erkennt man in der Noth. 55. Ifs und trinke mit deinem Freund, aber mache mit ihm keine Geschäfte! 56. Wer mit dem Kameeltreiber Freundschaft macht, mufs die Thüre weit aufthun. 57. Scharfer Essig schadet dem eigenen Gefäfse. 58. Du bist ein Junker, ich bin ein Junker: wer wird das Pferd striegeln? 59. Es gibt eine Art zu reden, welche die Absicht fördert, und eine Art zu reden, die den Kopf kostet. 60. Der Bart sei Opfer für den Kopf (lieber den Bart geschoren, als den Kopf verloren)!

61. Wer zuletzt kommt, macht die Thüre zu. 62. Sieh' nicht, wie weifs der Turban strahlt! die Seife ist noch unbezahlt. 63. Süfses Wort lockt die Schlange aus der Erde. 64. Der anfrug, hat den Berg überstiegen, wer nicht frug, blieb am Wege liegen. 65. Mit Geduld wird die saure Beere Confekt und das Maulbeerblatt Atlas. 66. Wer mit dem Lahmen umgeht, lernt hinken. 67. Wer die Wahrheit spricht, den jagt man aus neun Städten. 68. Ein Neger sagt dem Andern: dein Gesicht ist schwarz. 69. Eine Krähe hackt der anderen kein Auge aus. 70. Was soll dem Neger die Seife, was dem Narren guter Rath?

71. Wenn das Schicksal hereinbricht, wird das Auge des Weisen blind. 72. Ein alter Fuchs fürchtet das Netz nicht. 73. Der Wolf wechselt die Schur, nicht die Natur. 74. Wenn der Wolf alt wird, ist er des Hundes Spott. 75. Wo es keine Schafe gibt, sagt man zur Ziege Junker Abdurrahman. 76. Wenn die Katze eine Leber sieht und nicht erlangen kann, sagt sie: heute ist Fasttag. 77. Keine Rose ohne Dornen, keine Freude ohne Schmerz. 78. Dem blinden Vogel baut Gott sein Nest. 79. Bist unter Blinden du, mach die Augen zu! 80. Aus den Augen, aus dem Sinn.

81. Aus Worten macht man keinen Pilav. 82. Des Storches Leben vergeht mit Klappern. 83. Auf Marmorstein wächst kein Flaum. 84. Geschenkter Essig ist süfser als Honig. 85. Ist's dein Geschick, so kommt's aus Jemens fernem Land, ist's nicht Geschick, fällt's von der Lippe Rand. 86. Was du säest, das wirst du ernten. 87. Die Hand, die gibt, schneidet Niemand ab. 88. Jedes Weinen hat sein Lachen. 89. Es ist nicht alle Tage Beiram. 90. Ohne Geld oder Gewalt, räumst die Stadt du bald. 91. Besser ein Fuchs, der spazieren geht, als ein Löwe, der umsteht. 92. Entweder Kameel oder Kameeltreiber (Hammer oder Ambofs). 93. Eine falsche Rechnung kommt selbst von Bagdad zurück. 94. Die Erde ist Eisen, der Himmel Erz (Nichts gelingt). 95. Der Lügner braucht ein gutes Gedächtnifs. 96. Der Böswillige verdirbt das Geschäft, der Gutwillige bringt es zu Stande. 97. Er ist aus dem Regen in den Hagelschlag gekommen. 98. Strecke die Füfse nach der Decke! 99. Besser hungrig zu Bette gehn, als mit Schulden aufstehn. 100. Wenn du mit leerer Hand anklopfst, so heifst's: der Herr schläft; trägt deine Hand ein Geschenk, so sagt man: belieben der Herr!

Latha'ïf-i*).

Chōdschá Naßreddín**) Efendí.

1.

Chōdschá Naßreddín efendí bir gün wa'aʒ
Der Meister Nasreddin Efendi eines Tags der Predigt
itschín kürsí-jé (2) tschyqýp idér ***) : éj mü'minlér!
wegen zur Kanzel steigend sagte : o Gläubige!

*) Plur. v. لطائف lathífé *Scherz, Schwank* ar. — **) Naßr-ed-dín *Sieg oder Stütze der Religion* ar. — ***) Wörtl. *nachts*.

ben ſiſzé né dejedschejím bilírmisińſſz? Dschemā'ét
ich euch was ich sagen werde wisset ihr? *Die Versammlung*
(3) derlér ki*) : chair chödschá efendí bilméjiſz. Chö-
sagten (dafs): nein Meister Efendi wir wissen nicht. *Der*
dschá : jā ſſſz bílmejíndsche, ben (4) ſiſzé né söjlejéjim?
Meister : o ihr, da nicht wisset, ich euch was soll ich sagen?
demísch. — Bir gün chödschá jiné kürsí-jé tschy-
sagte. — *Eines Tages der Meister wieder zur Kanzel stei-*
qýp (5) idér : éj musulmanlár**)! ben ſiſzé né deje-
gend sagte : o Gläubige! ich euch was ich sagen
dschejím bilírmisińſſz? anlár-da derlér (6) ki : bilírifz.
werde wisset ihr? *sie auch sagten (daſs): wir wissen.*
Chödschá : jā ſſſz bildikdén-ßońrá***) bén siſzé né
Der Meister : o ihr noch dem Wissen ich euch was
söjlejéjim! (7) dejíp küraldén sschaghý enſp tschy-
soll ich sagen! sagend von der Kanzel hernieder steigend hinaus-
qýp gidíndsche dschemā'ét te'nddschűb-é (8) warýp:
gehend als wegging die Versammlung zur Verwunderung kommend :
bir-dahý tschyqár-isé kimimſſz †) bilírifz, kimimſſz
„Eins noch wenn er hinaufsteigt einige von uns wir wissen, einige von uns
bilméjifz demejé ††) qawl (9) u qarár†††) ejlerlér. —
wir wissen nicht zu sagen Wort und Gewissheit sie machten. —
Chödschá jiné bir gün ber †) minwāl-i meschrűh
Der Meister wieder eines Tages auf die Weise beschriebene
kürsíjé (10) tschyqýp idér : éj qardaschlár! bén siſzé
zur Kanzel steigend sagte : o Brüder! ich euch
né söjlejedschejím bilírmisińſſz? Anlár-da (11) derlér :
was ich sprechen werde wisset ihr? *Sie auch sagten :*
kimimſſz bilírifz, kimimſſz bilméjifz. Chödschá
einige von uns wir wissen, einige von uns wir wissen nicht. *Der Meister*
idér : né gűſzél! bilenlériñſſz (12) bílmejenlériñſſzé
sagte : wie schön! eure Wissenden euren Nichtwissenden
öjretsín!
sollen lehren!

---

*) Auch zur Einführung der direkten Rede §. 805. — **) Müslimán
pers. Plur. (§. 66) vom arab. müslím *der Gläubige*; musulmán als türk.
Sing. — ***) §. 285. — †) §. 169. — ††) Dativ des Infin. §. 160. —
†††) §. 25ª. — †) pers. §. 312.

2.

Bir gün chödschá Naṣreddín efendí idér : éj
Eines Tages der Meister Nasreddin Efendi sagte : o
musulmanlár! teñrí (2) ta·ála-já*) tschoq schükürlér
Gläubige! Gott dem Höchsten viel Danksagungen
idíñ-ki dewejé qanád wérmemísch! ejér wermísch
machet, daſs dem Kameel Flügel er nicht gab! wenn er gegeben
(3) olaydý, ewleriñifzé we-jāchód badschalaryñyſzá **)
hätte, auf eure Häuser oder auf eure Kamine
qonár-ydý baschyñyſzá jyqár-ydý.
es hätte sich niedergelassen, auf eure Köpfe hätte es geschmettert.

3.

Bir gedsché chödschajá rūja-syndá doqúfz aqtsché S. 5.
Eine Nacht dem Meister in seinem Traum neun Geldstücke
wermischlér; chödschá (2) efendí : helé, bārí on aq-
sie gaben; der Meister Efendi : Nun, wenigstens zehn Geld-
tsché idíñ! demísch. Ba·dehü***) : helé, on-doqúfz
stücke mache (es)! sagte. Danach : nun, neunzehn
(3) idíñ! dejíp nizá‘ idér-ikén ujanýp baqár ki
mache! sagend Streit indem er machte aufwachend er sah, daſs
elindé bir-schéj joq. Jiné (4) gjöfzlerín †) qapa-
in seiner Hand etwas nicht war. Wieder seine Augen schlie-
jýp el'lerín ufzadýp ††) : getír bārí doqúfz aqtsché
ssend seine Hände ausstreckend : gib wenigstens neun Geldstücke
olsûn! (5) demísch.
sollen sein! sagte.

4.

Bir gün chödschá jumurtanýñ doquſzún †††) bir
Eines Tages der Meister Eier ihre Neun Ein

---

*) §. 277. — **) Andere Lesart : بلغ‍چه‌مالر‌ڭز baghtschaleriñiſzé *in eure Gärten.* — ***) §. 814. — †) Für كوزلرينى gjöfzlerini, ال‍ربنى al'lerini §. 155. — ††) Gerund. v. اوزاتمق uſzatmaq *lang machen, strecken.* — †††) Für طقوزينى doquſzuná, §. 155.

aqtschejé ālýp dīgér (2) mekjäná warýp onún*)
um Geldstück kaufend anderen an einem Ort gehend ihre Zehn
βatár ymýsch. Chōdschajá : nitschín doqufzún ālýp
verkaufte. Dem Meister : warum ihre Neun kaufend
(3) onún βatársyn? didiklerindé, chōdschá : fzijän-
ihre Zehn verkauft du! bei ihrem Sagen, der Meister : Schaden
da fä'idé-de-dir**), dōstlár bifzí tek ālýsch-werisch-dé
sowohl Nutzen auch es ist, die Freunde uns nur in Handelsverkehr
gjörsünlér! demísch.
sollen sehen! sagte.

5.

Bir gün chōdschanýn terla-syná***) bir öküfz
Eines Tages des Meisters auf sein Feld ein Ochs
girér; chōdschá gjörüp (2) eliné bir βopá ālýp
ging herein; der Meister wehend in seine Hand einen Stock nehmend
üfzeriné wardýqdá öküfz qatschár. Geledschék†)
auf ihn im Losgegangenseinderches floh. Die kommende
haſtá öküfzü bir türk 'araba-já qoschmúsch gidér-
Woche den Ochsen ein Türke an den Wagen gespannt habend während
ikén chōdschá öküfzü gjörüp (4) hemân eliné
er ging der Meister den Ochsen sehend sogleich in seine Hand
bir βopá ālýp segirdíp††) öküfzé bir qatsch βopá
einen Stock nehmend laufend dem Ochsen einige Schläge
wurúr. Türk : bré ādém! benfm öküfzümdén né
schlug. Der Türke : he Mensch! mein von meinem Ochsen was
istérsin? didikdé chōdschá : sén chalth étme,
verlangst du! im Gesagthaben, der Meister : du Lärm mache nicht,
dschāhfl kjöpék! ol qabāhatýn bilfrí demísch.
dummer Hund! dieser seinen Fehler weiß! sagte.

———

*) اونیـفـی onuná §. 155. — **) Oder : fzijan-dá u. s. w. beim
Schaden ist es auch Nutzen. Andere Ausg. زبـاـلـد فـاتـدنـدـر;
fäjjandá fä'ide-dén-dir beim Schaden ist es von Nutzen od. فاتدنفد سوز
fäjjadé fä'ide-dén-dir es ist von mehr Nutzen. — ***) طرلی نزل Für طرلی tarlá
Pflugland. — †) Für کلجک. — ††) سکرتمک segirtmdk.

6.

Bir gün aqschehirlü tschodschuqlarý chōdschajý
Eines Tages der Weisestadt ihre Kinder den Meister
hammāmá gjötüredschék olúp we kifzlidsché jŏnlaryná
in's Bad bringen wollend seiend und inzwischen an ihre Seite
birér dāné jumurtá ălýp dschümlesí birdén ham-
je ein Stück Ei nehmend ihre Gesammtheit auf Eins in's
māmá warýp ßojunúp itscherí giríp gjöbék-taschý *)
Bad gehend sich auskleidend hinein gehend Nabelstein
üfzeriné oturduqlaryndá bir birlér-ilé „gelififz! si-
auf im Sichgesetzthaben Einer mit den Einen „kommt! mit
fzfu'lé jumurtalajalým! her kim jumurtalajámafz-iaé
euch wir wollen Eier legen! Jeder wer wenn nicht Eier legen kann
hammāmýú | maзārifiní ol kimsé werslu!" dejí 8. 6.
des Bades | seinen Preis dieser Jemand soll geben!" sagend
qawl u qarār etmischlér; ba'dehfi ta'úq-gibí
Wort und Versicherung machten sie; danach hennenähnlich
ßaqynýp ferjád iderék bérābér gjötürdüklerí jumur-
gluckend Geschrei machend nach einander ihre gebrachten ihre
talaryný tasch üfzeriné broqyrlár. Chōdschá efendí
Eier Stein auf ihm liessen. Der Meister Herr
bunlarý gjörüudsche hemūn chorós-gibí tschirpinfp ötmejé
diese sehend sogleich hahnähnlich sich blähend zu krähen
baschlár. Tschodschuqlár: „Chōdschá efendí! sén né
fing an. Die Kinder: „Meister Herr! du was
idijórsun?"   didikleriudé,   „bu qadár ta'ughá bir
machst du?" in ihrem Gesagthaben, „dieser Menge Hühner ein
chorós lāfzím dejíl-mi?" demísch.
Hahn nöthig ist nicht?" sagte.

7.

Chōdschá Nasr-ed-dín bir gün bir yrmáq-kenāryná
Der Meister Nasreddin eines Tages zu einem Fluss - Ufer

*) Der Seifstein des Bades.

waryp oturúr-ikén on däné a'mí gelirlér we chŏdschá-ilé
gehend im Niedersetzen zehn Stück Blinde kamen und mit dem Meister
yrmaqdán birér birér getschirilmesiné birér
über den Fluſs je Einer je Einer zu ihrem Uebergesetztwerden ſu je einem
pulá qawl u qarâr iderlér. Chŏdschá bunlarý
Pfennig Wort und Versicherung machten. Der Meister diese
birér birér getschirír ikén birini yrmáq - βujú
je Einen je Einen indem er übersetzte Einen von ihnen das Fluſs- Wasser
toparlajýp gjötürúr; a'malár ferjädá baschlarlár;
mitreiſsend trug fort; die Blinden ein Geschrei begannen;
chŏdschá : „nitschín ferjâd idérsińíſz? hâ bir pul
der Meister: „warum Geschrei machet ihr? nun, einem Pfennig
ekslk werín!" demísch.
weniger gebet!" sagte.

8.

Bir gün chŏdschá Naβr-ed-dín efendí pâſzârdá
Eines Tages Meister Nasreddin Herr auf dem Markte
geſzér ikén bir harífé râst-gelíp : Chŏdschá bu gün
indem er ging einem Burschen begegnend : Meister heute
ajýń ńtschíl-mú joksá dördú-mú-dúr? didikdé :
des Monats sein dritter oder sein vierter ist? im Gesagthaben :
bilmém, ây ālýp-βatdyghým jóq-dur, demísch.
ich weiſs nicht, Monat mein Kaufen u. Verkaufen ist nicht, sagte.

9.

Bir gün chŏdschá omuſzuná bir nerdübân
Eines Tages der Meister auf seine Schulter eine Leiter
älýp gjötürúp bir bâghtsché-dīwâryná dajajýp jo-
nehmend tragend an eine Garten - Mauer lehnend hin-
qarý tschyqár βoŏrá joqarý älýp itscherí girér. Bo-
auf stieg darnach hinauf nehmend hinein ging. Der
ständschf bunú gjörúp: sen kím-sin we bundá né arár-
Gärtner, diesen sehend: du wer bist und hier was suchst

syn? didikdé chōdschá sur'at'lá nerdübân-janyná
du? *im Gesagthaben der Meister mit Schnelle an die Leiter-Seite*
golíp idér : nerdübân βatárym. Boständschý idér :
gehend sagte : Leiter ich verkaufe. Der Gärtner sagte :
bundá nerdübân βatylýr-my ? Chōdschá idér : behéj
hier Leiter wird verknüft? Der Meister sagte : o
dschâbíl harîf, nerdübân ueredé olsá βatylýr.
unwissender Bursche, Leiter wo es auch sei wird verkauft.

10.

Bir gün chōdschá bir yrmáq kenâr-yndá B. 7.
Eines Tages der Meister (an) eines Flusses seinem Rand
ābdést ālýr-ikén pābüdschunú βú ālýp
Handwaschung als er nahm seinen Pantoffel das Wasser nehmend
gjötürúr. Chōdschá baqár ki pābüdschú gidijór,
trug fort. Der Meister sah dass sein Pantoffel fortgeht,
hemân berr-i kenârá tschyqýp bir çarthá
zugleich (an) das Feste des Randes hinaustretend einen Wind
tschekíp : âl ābdestíñí, getír pābüdschumú !
streichen lassend : nimm deine Handwaschung, bringe meinen Pantoffel !
demísch *).
sagte.

11.

Chōdschá Naβr-ed-dín efendínín bir quſzusú
Meister Nasreddin Efendi's ein sein Lamm
wár-imísch ki ghājét-ilé beslér imísch. Bir gün
war welches mit Sorgfalt er nährte. Eines Tages
bir áſz jārân**) dschem' olúp : quſzujú chōdschanýñ
einige Freunde sich versammelnd : das Lamm (aus) des Meisters
elindén ālýp jejelém, derlér. Birí ewwél
aus seiner Hand nehmend wollen wir essen, sagten. Ihr Einer zuerst
gelíp idér : ej chōdschá ! jarýn qijāmét qopadscháq
kommend sagte : o Meister ! morgen die Auferstehung wird an-

*) Durch die eingetretene Verunreinigung wird nämlich die vorgenommene relig. Waschung ungiltig. — **) Pers. plur. §. 86.

imfch, bu qufzujú n'ejlérnim? getǘr schunú
brechen, dieses Lamm was wirst du machen? bringe dieses
jejelím! Chödschá ynanınáfz. Birí dahý
wir wollen essen! der Meister glaubte nicht. Ihrer Einer noch
gelíp öjlé söjlér. Chödschá gertschék ßanýp
kommend ebenso sprach. Der Meister wahr glaubend
qufzujú boghazlár; sudán chödschá arqasyná warýp
das Lamm schlachtete; danach der Meister auf seinen Rücken werfend
bir sejerängjáh-jerdé ätésch jaqýp qufzujú bür-
(an) einem Spazier-Orte Feuer anzündend das Lamm ge-
ján etmejé baschlár; nä-gjáh arqadaschlarý ßoju-
braten zu machen fing an; plötzlich seine Genossen sich
núp efwäbý chödschajá teslím idíp her birí bir
auskleidend ihre Kleider dem Meister übergebend jeder Eine nach
tharafá oynamaghá giderlér; chödschá-da efwäbfn
einer Seite zu spielen gingen; der Meister auch der Kleider
dschümlesiní ätcsché wurúp jaqár. Bir afzdán
ihre Gesammtheit ins Feuer werfend verbrannte. Nach einem Wenigen
sejirdischmekdén 'askerín-qarný ädschyghýp gerí gel-
vom Springen einen Soldaten-Ikauch hungernd zurück in
diklerindé gjorürlér ki efwäbfn dschümlesí janýp
ihrem Kommen sie sahen, dafs der Kleider ihre Gesammtheit brennend
gil olmúsch chödschajá iderlér : bunlarý kim
Asche geworden dem Meister sie sagten : diese wer
jaqdý? Chödschá : jarýu qijämét qopadscháq
hat verbrannt? Der Meister : morgen die Auferstehung wird an-
imísch, osbáb nejé läfzím? demísch.
brechen, die Sachen wozu nöthig? sagte.

12.

Bir gün chödschá qonıschusundán *) bir qafzghán
Eines Tages der Meister von seinem Nachbarn einen Kessel
alýr ischiní gjördükdén-ßoñrá qafzghanýn itschiné
nahm sein Geschäft nachdem gesehen hatte das Kessels in sein Inneres

---

*) Für نُشِرَ §. 5ʊ.

bir kütschük tendscheré qojúp getiríp βāḥibyná wer-
einen kleinen Topf legend bringend seinem Herrn gegeben
dikdé, βāḥibý olán ḥaríf gjorůr ki qafzghanýň it-
habend, sein Herr seiend der Mensch sah dafs des Kessels in
schindé bir kütschük tendscheré wár-dyr, bu né-
seinem Inneren ein kleiner Topf da war, dies was
dir? der. Chödschá idér : qafzghán doghurdú. Ha-
ist? sagte. Der Meister sagte: der Kessel hat geboren. Der
ríf tendscheré qabüllanýr. Jiné bir gün chödschá
Mensch den Topf nahm an. Wieder eines Tages der Meister
qafzghaný istejíp ālýp ewiné getiríp qollanýr.
den Kessel wünschend nehmend in sein Haus bringend gebrauchte.
Qafzghán βāḥibý bir gün besch gün baqár gjörůr
Der Kessel - Herr einen Tag fünf Tage schaute es sah
qafzghán gélmedí, chödschanýň ewiné gelíp daqq-
der Kessel kam nicht, (un)des Meisters sein Haus kommend Klopfen
i-báb cjlér. Chödschá qapnjá gelíp né istérsin? s. a.
der Thüre machte. Der Meister an die Thür kommend was verlangst du?
didikdé, qafzghaný der; chödschá idér : sen
gesagt habend, den Kessel sagte er; der Meister sagte: du
βagh ol*)! qafzghán marḥům-oldú**). Haríf : chö-
gesund sei! der Kessel ist gestorben. Der Mensch : Mei-
dschá efendí! hitsch qafzghán ölürmü? didikdé, já
ster Herr! je ein Kessel ist gestorben? gesagt habend, o
doghurdughuná ynanýr sén-de öldüjüné ynanmáfz-
sein Geborenhaben glaubend und du sein Gebornsein glaubst
my-syn? demísch.
nicht? sagte.

13.

Bir gün chödschá gjörůr ki bir-puňár-baschyndá***)
Eines Tages der Meister sah dafs an einer Quelle
wáfír ördeklér oynár. (2) Chödschá segirdíp tutájym
viele Enten spielten. Der Meister laufend ich will fangen

---

*) Diese Phrase wird vorausgeschickt, wenn der Tod eines Anderen
mitgetheilt wird. — **) marḥům selig verstorben, nur von Muslims gesagt.
— ***) پڭار u. كڭى Quell; puňár-baschý Quell-Haupt.

dejíndsche qatscharlár we utschúp giderlér. Chōdachá
als sagte sie flohen und auffliegend gingen weg. Der Meister
(3) dahý eliné   bir   áſz ekmék álýp   puñarýñ-
noch in seine Hand ein wenig Brot nehmend an die
baschyná oturúp puñará ekmék (4) batyrýp jer-
Quelle sich setzend in die Quelle Brot   tunkend   indem
ikén bir ḩarlf gelír : né jérsin? didikdé,   chōdschá :
er als ein Mensch kam : was ißt du? im Gesagthaben, der Meister :
ördék-tschorbasý jérim, demísch.
Enten-Brühe   ich esse,   sagte.

14.

Bir gün chōdschajý Kūrdistāná eltschilſk-ilé
Eines Tages den Meister nach Kurdistan mit einer Gesandtschaft
gjöndermischlér. (2) Kürdistāná wardyqdá Kürd-
sie schickten.   Nach Kurdistan im Gekommensein die
bejlerí   chōdschajá   źijāſét   idíp   dn'wét-
Kurdenfürsten dem Meister eine Onsterei machend luden
(3) itmischlér; chōdschá-da kürkünü gijíp da'wét-
ein ;   der Meister auch seinen Pelz anziehend an den
jeriné   wardyqdá   uβurmúsch. (4) Chōdschanýñ
Einladungsort im Gegangensein fartze.   Des Meisters
mewlā-sý : Efendí, uβurdúñ, 'aib itdíñ,
sein Vorgesetzter : Herr, du hast gefartzt, Schande hast du gemacht.
didikdé, chōdschá : (5) bunlár Kürdlér dir, türktsché
im Gesagthaben, der Meister :   diese Kurden sind, türkisch
uβurmaghý né bilsinlér? demísch.
Farzen wie sollen sie verstehen? sagte.

15.

Bir gün chōdschá jer-altyndá*) bir achýr**)
Eines Tages der Meister unter der Erde einen Stall
japmáq mūrād ejledí. Qaſzár-ikén (2) qomschu-
zu machen Absicht machte. Indem er grub von seinem

———
*) §. 392. — **) Pers. achór.

laryndán*) birinñ achyryná getschér görür ki
Nachbarn   Eines   auf seinem Stall   stofsend   sah er dafs
wäsir öküfzlér war. (3) Chōdschá sewinerék ewiné
viele   Ochsen da waren.   Der Meister sich freuend in sein Haus
gelíp : & qarý! kjäfír fzemānyndán qalmá bir achýr
gehend : o Weib! Ungläubige aus ihrer Zeit geblieben einen Stall
(4) öküfz buldúm! bañá né werírmin müschdé?
Ochsen ich habe gefunden! mir was gibst du   Botenlohn!
demfsch.
sagte.

16.

Naβreddīn efendiníñ ikí qyfzý war imfsch. Bir
Nasreddin des Efendi zwei seine Töchter gab es   Eines
gün ikisí-de (2) babalaryná gelirlér, chōdschá
Tages ihre Zwei auch zu ihrem Vater kamen,   der Meister
bunlará : nidsché-dir getschenmeñífz. éj qyfzlár? dejí
zu diesen :   wie ist   euer Leben,   o Töchter?   sagend
(3) sü'äl ejlér. Mejér birinñ qodschasý ekindschí, 8. 9.
Frage machte.   Nun der Einen ihr Mann   Ackersmann,
biriníñ dahý kiremiddschí (4) imfsch. Biri idér :
der Einen auch   Ziegelbrenner   war.   Die Eine sagte :
qodschám wäfír ekín ekdí; ejér jaghmúr tschoq olúr
mein Mann viel Saat hat gesät; wenn Regen   viel sein
(5) isé, qodschám bañá kiswét japadscháq. Biri dahý
wird, mein Mann mir ein Kleid wird machen.   Die Eine auch
idér : Benīm qodscháın (6) kiremiddschí-dir, tschoq kiremísd
sagte :   Mein   Mann   Ziegelmacher ist,   viel   Ziegel
japdý; ejér jaghmúr olmáfz isé, qodschám
hat er gemacht; wenn   Regen   nicht sein wird, mein Mann
(7) bañá kiswét japadscháq. Chōdschá : ikiñifzdén
mir ein Kleid wird machen.   Der Meister : von eurer Zwei
biriñífz chijārý jer, ammá (8) hanghynýfz jer
Eure Eine die Wahl wird essen, aber   Eure Welche wird essen
bilmém, demfsch.
ich weifs nicht, sagte.

*) Für فوكشو.

17.

Naẓreddīn efendī aq-schchirde gefzér-ikén : jā
Nasreddin Efendi in Weisstadt indem spazieren ging : o
rabb, banā biū (2) altýn wer, anmā bir ekeīk olūr-
Herr, mir tausend Goldstücke gib, aber eines weniger wenn-
isé, ālmám, der. (3) Chōdschanýū bir jehūdī qom-
isé, ich nehme nicht, sagte. Des Meisters ein Jude sein
schusń wár-imísch. Jehūdī bunń ischidíp : tedschribé
Nachbar war. Der Jude jenes hörend: Versuch
(4) etmék itschín doqúfz jūfz doqsán doqúfz altyný
machens wegen neun hundert neunzig neun Goldstücks
bir kisé itschiné (5) qojúp chōdschanýū badscha-
einen Beutel in sein Inneres legend des Meisters von seinem
ɐyndán aschaghý ātár. Chōdschá gjörür ki bir (6) kisé
Schornstein hinab warf. Der Meister sah dass ein Beutel
ilé altýn durúr: du'āmýfz qabūl oldū dejíp kīsejí
mit Gold dalag : unser Gebet angenommen wurde sagend den Beutel
aischár, (7) altynlarý βajár, gjörür ki bir ekaík — :
öffnete, die Goldstücke zählte, sah dass Eins weniger — :
bunń werén biriní dahý wertr. (8) dejíp qabūllanýr.
dieses der Gebende sein Eins noch wird geben, sagend nahm an.
Bu kerré Jehūdījí fīūl ālýr, hemān qalqár, chō-
Dies Mal den Juden die Lunte ergriff, sofort er stand auf, des
dschanýū (9) qapusún tschalýp : βabāhyūýfz chair olsūn,
Meisters seine Thüre klopfend : euer Morgen gut soll sein,
chōdschá efendī! schu bifzīm (10) altynlarý wer der!
Meister Herr! diese unsere Goldstücke gib sagte!
Jehūdījé itdí : bāfzirgjān! sen delí olmuschsūn! ben
den Juden sagte er : Kaufmann! du verrückt bist! ich
(11) ḥaqq ta'āla-dán istedīm idī, ol werdí, né
Wesen vom höchsten verlangt hatte, dieser gab, was
münāscbét sen banā (12) altýn ālmáq? Jehūdī idér :
Veranlassung du mir Gold werfen? Der Jude sagte :
ā dschāným chōdschá! ben sanā lubīfé olsūn
o meine Seele Meister! ich dir ein Schers soll sein
(13) dejí*) itdīm; bir ekaík olūr-isé, ālmám
sayend ich habe gethan; eins weniger wenn ist, ich nehme nicht

---

*) Vgl. Nr. 181.

didińíľz idí, baqájym (14)ālýr-my dejí lathīfé
Ihr gesagt hattet, ich will sehen aber nimms sagend einen Schers
itdím. Chōdschá : ben lathīfé bilmém; ben
ich habe gemacht. Der Meister: ich einen Schers weifs nicht; ich
altynlarý (15)qabūllandým*) didikdé Jehūdī : haydél
die Goldstücke habe angenommen im Gesagthaben der Jude: wohlan!
maḥkemejé gidelím! der. Chōdschá (16) idér:
zum Gerichtshaus lafs uns gehen! sagte. Der Meister sagte:
ben maḥkemejé jaján gitmém. Jehūdī chōdschajá bir
ich zum Gericht zu Fufs ich gehe nicht. Der Jude dem Meister ein
qatýr getirír. (17) Chōdschá idér : güfzéll ammā
Maulthier brachte. Der Meister sagte: schön! aber
arqamá bir kürk lāfzím. Jehūdī bir kürk daḥý
meinem Rücken ein Pels nöthig. Der Jude einen Pels noch
(18) getirír. Bunlár qalqýp maḥkemedé qādhī efendijé
brachte. Diese aufstehend im Gerichi Richter zum Herrn
waryrlár. Qādhi su'āl | itdikdé, Jehūdī : schu §. 10.
sie gingen. Der Richter Frage | im Gemachthaben, der Jude: dieser
ādém bu qadár altyným āldý, schindí inkjār
Mensch diesen Betrag mein Gold hat genommen, jetzt Leugnung
(2) idijór didikdé, qādhī efendī chōdschanýń jü-
er macht im Gesagthaben, der Richter Herr des Meisters in
fzūné baqár. (3) Chōdschá idér : sulthāným, ben
sein Gericht blickte. Der Meister sagte: mein Herr, ich
dā'imá ḥaqq ta'āladán biń altýn istér-idím,
immer Wesen vom höchsten tausend Goldstücke hatte verlangt,
(4) werdí, ammā ẞaydým, bir ekslk ōjlé-isé,
er hat gegeben, aber ich habe gezählt, Eins weniger wenn auch ist,
ol qadár altyný werén (5) birini daḥý werír
diesen Betrag Goldstücke der Gebende deren Eins noch wird geben,
didím, altynlarý qabūllandým, Endscháq sul-
ich habe gesagt, die Goldstücke ich habe angenommen, nur mein
thāným! bu (6) Jehūdī schindí arqamda-kí**) kür-
Herr! dieser Jude jetzt auf meinem Rücken dem
ké we bendekím ***) qatyrá daḥý ẞāḥib
Pels und bei mir welches dem Maulthier noch als Herr

*) Oder قوللاندم qollandým *ich habe verbraucht.* — **) §. 162. —
***) Lies کیم بنڭ کی بنڭ für بنڭ کی.

24

(7) tschyqár didikdé Jehūdí : anlár-da bením-dir,
wird ausgehen im Gesagthaben der Jude : diese auch mein sind,
sulthānýn, didikdé hemān : (8) brél gidí! schirrét-i
mein Herr, im Gesagthaben sofort : hal fort! verdammter
Jehūdí dejíp baschyná wuraráq mahkemedén
Jude sagend auf sein Haupt schlagend aus dem Gerichtshaus
dyschar¥ (9) tschyqárdylár. Chōdschá schindí kürkü
hinaus trieben sie. Der Meister jetzt den Pelz
we qathyrý dahý qabūllanýp ewiné (10) gitmísch
und das Maulthier noch annehmend in sein Haus ging
demischlér.
sagten sie.

18.

Bir gün chōdschá efendí eschejín ghā'íb idíp
Eines Tages der Meister Herr seinen Esel Verlust machend
harífíň biriné (2) sū'āl idér. Haríf idér : gjör-
der Burschen ihrem Einen Frage machte. Der Bursch sagte : ich
düm filňn jerdé qādhí olmúsch. Chōdschá :
habe gesehen (an) einem gewissen Orte Richter ist geworden. Der Meister :
(3) gertschék dérsin, qādhí oladschaghyný ben bilír-
wahr sagst du, Richter sein Werden ich hatte
idím, fzīrá ben ·Imādá ders (4) werír-ikén ol eschók
gewusst, denn ich dem Imād Lektion als ich gab dieser Esel
qolaqlarynʝ dikíp diňlér idí, demísch.
seine Ohren spitzend hörte zu, sagte.

19.

Bir gün chōdschanýň ewiné bir ādém gelíp
Eines Tages des Meisters in sein Haus ein Mensch kommend
eschejí istér. Chōdschá (2) idér : eschék ewdé
den Esel verlangte. Der Meister sagte : der Esel im Hause
jóq-dur. Qazā-i ittifāq itscheridé baghyrýr.
ist nicht. Schicksals-Zusammentreffen im Inneren er schrie.
Haríf idér : (3) hay chōdschá efendí, eschék jóq-dur
Der Mensch sagte : ha Meister Herr, der Esel ist nicht da

dórsín, itscheridé baghyryjór! Chōdschá : (4) né
du sagst, im Innerem schreit er eben! Der Meister: was
'adschā'ib ādém imischaín! eschejé ynanýrayn-da
für ein wunderbarer Mensch bist du! dem Esel du glaubst und
aq ßaqalým ilé bañá (5) ynanmáfzsyn, demísch.
weife meinem Barte mit mir du glaubst nicht, sagte.

20.

Chōdschá Naßreddín efendí fzemānyndán ūtsch
Des Meisters Nasreddin Herrn in seiner Zeit drei
rū'hbān*) her 'ilm-dé māhirlér çuhūr (2) idíp
Mönche (in) jeder Wissenschaft tüchtige Erscheinung machend
'ālemí sijāḥét idíp gefzerlér ikén sulthán 'Alā-ed-dín
die Welt Reise machend indem sie herumzogen des Sultan Alaeddin
wilājetiné waryrlár, pādischāh-da bunlarý dīnó S. 11.
in sein Reich sie kamen, der Herrscher auch diese zur Religion
da'wét idér. Bu ūtschü dahý (2) iderlór : bifzim
Einladung machte. Diese ihre drei auch sagten: unser
her birimifzín birér sū'ālý wár-dyr; ejér dschewāb
jedes unser Einer je eine seine Frage gibt es; wenn Antwort
werírsińífz, sifzíū (3) dīniñifzé girelím; bunlár
ihr gebet, (zu) Eurer Religion wir wollen eintreten; diese
bu qawlá rāzí oldulár; andán sulthán 'Alā-ed-
(mit)diesem Worte zufrieden waren; danach der Sultan Alaed-
dín (4) 'ulemāsýn we meschā'ichín**) dschem' ejlejíp,
din seine Gelehrten und seine Aeltesten Versammlung machend,
bunlarýn sū'āllaryná aßlá dschewāb (5) wermejé birisí
deren ihren Fragen durchaus Antwort zu geben ihrer Einer
qādír ólmadylár. Sulthán 'Alā-ed-dín ghazabá
vermögend sie waren nicht. Der Sultan Alaeddin in Zorn
gelíp : schu (6) bením fzír-i ḥukmumdá olán
kommend: dies mein (im) unter meiner Herrschaft seiend
wilājetlerín 'ulemā wū meschā'ichindén bir kimsé
der Provinzen (von ihren) Gelehrten und Aeltesten eine Person

---

*) Arab. Plur. (türk. auch als Sing.) von راهب rāhíb christl. M. —
**) مشنج (ar. pl. su شيبج schejch) Doctoren.
II. Abtheilung. 4

(7) bulûnmadý ki bunlará dschewâb weré, dejíp
ist nicht gefunden worden die diesen Antwort gäbe, sagend
te'eſâuf-dó ikéu, birisí idér : bu (8) sü'âllará bir
in Bekümmerniſs seiend, ihrer Einer sagte : diesen Fragen eine
kimsó dschewâb werémefz, bélki chûdschá
Person Antwort kann nicht geben, vielleicht daſs der Meister
Naβreddín efendí (9) dschewâb weré. Hemân pâdi-
Naßreddin Herr Antwort gäbe. Sofort der
schâh cmr ejlér, Naβreddín efeudijé tatár (10)
Herrscher Befehl machte, Nasreddin dem Herrn einen Tataren
tschyqaryrlár; 'adschelé warýp chôdschajý bulúp pâdi-
schickten sie; Eile yehend den Meister findend des
schâhýû cmriní söjlér. Hemân (11) ol sâ'át
Herrschers seinen Befehl sagte er. Sofort diese Stunde
Naβreddín eschejín ejerlejíp, 'aβâ-sýn cliné
Nasreddin seinen Esel sattelnd, seinen Stab in seine Hand
ālýp eschejiné (12) biníp tatará : düsch
nehmend auf seinen Esel steigend den Tartaren : falle
öñüméſ dejíp doghrú sulthân 'Alâ-ed-dín será-
in meine Front! sagend grade des Sultans Alaeddin in seinen
jyná (13) gelíp ḥuzûr-i pādischâhá*) giríp
Palast kommend (in) die Gegenwart des Herrschers eintretend
selâm werír, 'aléjke**) ālýp, chûdschajá jer (14)
Gruſs er machte, Gegengruſs nehmend, dem Meister Platz
gjösterír, oturúp pädischâhá du'â idíp idér : bení
er zeigte, sich setzend dem Herrscher Gebet machend sagte : mich
tschaghyrmaqdán mürādyñýfz (15) né-dir? Sulthân
von dem Rufen Euer Wille was ist? Der Sultan
'Alâ-ed-dín ahwâlý naql idér. Andán chûdschá idér :
Alaeddin die Zustände Bericht sagte. Danach der Meister sagte :
sü'âlyñýfz né-dir? Andán rü'hbānýñ birí ilerí
Eure Frage was ist? Danach der Mönche ihr Einer vorwärts
gelíp idér : benſm sü'âlým (17) efendí ḥaźretlerí***) :
kommend sagte : meine Frage Herren ihre Gegenwart :
dünjānýñ ortasý neresí-dir? Chûdschá hemân eschekdén
der Welt ihre Mitte ihr Woist? Der Meister sofort vom Esel

---

*) L. دالش Dat. — **) Anfangswort des Gegengruſses, وعليكم
السلام we 'aléjke as-selâm und auch mit dir sei Friede! — ***) §. 168.

(18) aschaghý eníp 'aβâsý ilé eschejíñ öñ ajaghýn
hinab   steigend   sein Stab   mit   des Esels vorn seinen Fuſs
gjösterír : ischté! dünjānýñ (19) ortasý eschejimíñ
zeigte :   sich da! der Welt   ihre Mitte   meines Esels
ajaghý durdughú jér-dir, der. Ru'hbân idér : Ne-dén
sein Fuſs sein Stehen   Ort ist,   sagte.   Der Mönch sagte :   Von was
(20) mu'lûm? Chödschá idér : Ejér i'timâd etmélz iséñ,
deutlich!   Der Meister sagte : Wenn   Glauben du nicht machst,
ischté, ültschūñ! ejér (21) ſzijädé ekslk gelír isé, aßá
sich,   miſs!   wenn   mehr   weniger   kommt,   dem
gjöré söjlé! der. Andán ru'hbānýñ birí (22) dahý
gemäſs sprich!   sagte.   Danach   der Mönche ihr Einer   noch
ilerí gelíp : Já bu gjök jüſzünde-kí jildíſzlér
vorwärts kommend : O dieser Himmel an seinem Antlitz-welche   Sterne
né-qadár-dir? der. (23) Chödschá idér : Eschejimíñ
wieviel ist!   sagte.   Der Meister sagte :   Meines Esels
üſzeriudé né-qadár qyl war isé, olqadár, der. Ru'hbân
auf ihm   wieviel Haare es gilt,   soviel,   sagte.   Der Mönch
(24) idér : Ne-dén ma'lûm? — Ynanmáſz iséñ, gel,
sagte : Von was deutlich! —   Wenn du nicht glaubst, komme,
βay! ejér ekslk gelírse, ól (25)-ſzemân söjlé! der.
zähle! wenn weniger kommt,   dann   sprich!   sagte.
Ru'hbân idér : Já, eschejíñ ústünde-kí qyl βajylýr-
Der Mönch sagte : o,   des Esels   auf ihm welche Haare   wird
my? (26) Chödschá idér : Já, olqadár jildíſzlér βajylýr-
gezählt!   Der Meister sagte : o,   wieviele   Sterne   wird
my? Ol-bir ru'hbân ilerí gelíp : | Ejér benim
gezählt! Der andere Mönch vorwärts kommend: | Wenn (auf) meine
sü'ālymá dschewâb weré bilírseñ, dschümlemíſz
Frage   Antwort   geben du kannst,   unsere Gesammtheit
ímāná gelírifz, der. (2) Chödschá : söjlé, gjöre-
zum Glauben wir kommen, sagte.   Der Meister : sprich, wir wollen
lím! der. Ru'hbân idér : Ej chödschá, schu benim
sehen! sagte.   Der Mönch sagte : Nun, Meister,   dieses   meines
(3) βaqalymýñ qatsch qylý wár-dyr? Chödschá
Bartes   wieviel   sein Haar   gibt es?   Der Meister
dahý : βay benim eschejimíñ quyrughundá (4) qatsch
auch :   zähle meines   Esels   in seinem Schwanz   wieviel

S. 12.

qyl wár-isé, olqadár dir, der. Rū'hbân idér : Ne-
Haar wenn ist,   soviel ist. sagte. Der Mönch sagte : Von
dén ma'lûm? Chōdschá : (5) Behéj dschāným; ynan-
was deutlich? Der Meister :   o   meine Seele; wenn
máſz-iséū, gel, βayl der. Rū'hbân bu qawlá
du nicht-glaubst, komme, ziehle! sagte. Der Mönch (mit) diesem Worte
rŭzĭ (6) olmáſz. Chōdschá idér : Ejér rŭzĭ
zufrieden   nicht war. Der Meister sagte : Wenn zufrieden
olmáſz iséū, gel I bir qýl βaqalyūdán (7) we bir
du nicht bist, komme! ein Haar aus deinem Bart   und ein
qýl eschejimſū quyrughundán qoparalýmǃ gjöre-
Haar meines Esels aus seinem Schwans laſs uns ziehen!   laſs uns
lĭm naβýl gelŭr! didikdé, (8) rū'hbân gjörŭr
sehen, wie   es kommt! im Gesagthaben,   der Mönch sah
ki olúr isch dejĭl, dschenâb-i ḥaqq-dán hidājét
daſs möglich eine Sache ist nicht, (von) Seiten der Wahrheit   Leitung
iríschír, (9) hemân joldaschlaryná : ben ischté ĭmáná
erlangte,   sofort zu seinen Gefährten :   ich sieh da zum Glauben
geldĭmǃ dejĭp tewḥĭd getĭrír, (10) we ól
bin gekommen, sagend Einheitsbekenntniſs*) brachte,   und jene
ikisí daḥý dschân u gjöñŭldén ĭmāná gelirlér, ŭtschŭ
ihre Zwei auch (von) Seele und Herz zum Glauben kamen, ihre drei
daḥý (11) chōdschajá bendé olurlár.
auch   dem Meister   verbunden   waren.

21.

Naβreddin efendí bir gŭn bir bŭjŭk tablanýū
Nasreddin Herr eines Tages einer grossen   Tafel
ŭstŭné ŭtsch (2) erĭk qojúp bejé hedājé gjötŭrŭr-
auf drei Pflaumen legend dem Fürsten Geschenk indem-
ikán, joldá eriklér ó jāná bú jāná
trug, auf dem Wege die Pflaumen (auf) jene Seite (auf) diese Seite
oynár. (3) Chōdschá idér : Schindĭ silzĭ jérim! oyná-
tanzten.   Der Meister sagte : Jetzt   euch ich esse!   tanzt

---

*) Kein Gott aufser Gott u. s. w., Gespräche S. 104.

majýñ! Eriklér jiné oynajýndscha, chōdschá erijſñ
nicht! Die Pflaumen erinder indem tanzten. der Meister der Pflaumen
ikisini jejíp birini tablá ilé getirír, bejſñ öñünć
ihre Zwei essend ihre Eine der Tafel mit brachte, des Fürsten vor ihn
(5) qor. Chōdschanýñ erſk getirdijindén ḥaçç
legte. Des Meisters Pflaume vom Gebrachthaben Freude
idíp wäſſr aqtsché baghyschlár. (6) Chōdschá
machend viel Geld er schenkte. Der Meister
ewiné geldikdé bir qatsch gündén βoñrá bir
in sein Haus im Gekommensein ein viel Tage nach ein
wäſſr pandschár älýp jiné (7) bejé gjötürür-ikén,
viel Buben nehmend wieder dem Fürsten indem trug,
bir ḥarīſó räst gelir. Chōdschajá idćr : Buularý
einem Menschen entgegen er kam. Der dem Meister sagte : Diese
kimé (8) gjötürürsün? — Bejé gjötürürüm, di-
trägst du? — Dem Fürsten ich trage, im
dikdé : Bejé bunú gjötüredschejiñé indschír
Gesagthaben : Dem Fürsten diese für dein Tragenwerden Feigen
gjötürséñ (9) dahá maqbūlá getschér, der. Chō-
wenn du trügest noch mehr (zu) angenehm käme, sagte. Der
dschá warýp bir qatsch oqá indschír älýp gjötürür.
Meister gehend einige Pfund Feigen kaufend trug.
(10) Bej dahý emr ejlejíp, bu indschirleríñ dschüm-
Der Fürst auch Befehl machend, dieser Feigen ihre Ge-
lesín bunúñ baschyná wururlár, (11) ammá bunlarý
sammtheit dessen an seinen Kopf sie warfen, aber diese
chōdschanýñ baschyná wurdúqdscha , chōdschá
des Meisters an seinen Kopf im Gradewiesiewarfen, der Meister
schükür idćr-idí : Ej (12) chōdschá! nitschín schükür
Dank machte : O Meister! warum Dank
idérsin? didiklerindé chōdschá idćr : Chaylý
machst du? in ihrem Gesagthaben der Meister sagte : Ziemlich viele
pandschár (13) getirijordúm, joldá bunú bir ḥarıf
Buben ich brachte, auf dem Wege dieses ein Mensch
ta'ríf ejledí; ejér pandschár getiré (14) idſm, baschým
Belehrung machte; wenn Rüben ich gebracht hätte, mein Kopf
jarylýr idí.
wäre zerschlagen worden.

Meister Nasreddin's Schwänke*).

1.

Der Meister Nasreddin bestieg eines Tages die Kanzel, um zu predigen, und sprach: He, Ihr Gläubigen, wifst Ihr, was ich Euch sagen will? Die Versammlung antwortete: Nein, Meister, wir wissen es nicht. Der Meister: Wenn Ihr es nicht wifst, zu was soll ich es Euch sagen? — Eines Tages bestieg der Meister wieder die Kanzel und sprach: He, Muselmanen, wifst Ihr, was ich Euch sagen will? Sie antworteten: Wir wissen es. Der Meister: Wenn Ihr es schon wifst, was soll ich es Euch noch sagen? Damit ging er von der Kanzel herab und hinaus. Als er fort war, war die Versammlung betreten, und sie vereinigten sich in folgendem Rath und Anschlag: Kommt er noch einmal herauf, so sagen wir: Einige von uns wissen es, Andere wissen es nicht. — Der Meister stieg wirklich eines Tages wieder in beschriebener Weise auf die Kanzel und fragte: He, Brüder, wifst Ihr auch, was ich Euch sagen werde? Da sagten sie: Einige von uns wissen es, die Anderen nicht. Da sprach der Meister: Ei, wie schön! die von Euch, welche es wissen, sollen es denen sagen, die es nicht wissen!

2.

Eines Tages sagte der Meister Nasreddin: He, Ihr Muselmanen, Ihr sollt Gott dem Höchsten viel Dank wissen,

---

*) Meister *Nasreddin* ist der türkische Eulenspiegel, welcher nach der in diesen Erzählungen selbst behaupteten Gleichzeitigkeit mit Sultan 'Ala-eddin († 1307) und Tîmurlenk († 1404) im 14. Jahrhundert n. Chr. gelebt hätte. Sein Witz ist sehr derb, nicht selten schmutzig und oft platt. Seine Schwänke sind in der Türkei ungemein verbreitet und werden von Alt und Jung aller Gesellschaftskreise gelesen und erzählt. Die hier folgenden gehören zu den Besseren. Die Bulaker Ausg. enthält 121 Nummern.

dafs er dem Kameel keine Flügel gegeben. Hätte er ihm solche gegebon, so würde es auf Eure Häuser oder auf Eure Kamine (Gärten) sich niedergelassen und Euch so die Köpfe zerbrochen haben.

3.

In einer Nacht gab man dem Meister in seinem Traume 9 Geldstücke; der Meister sagte : Mache doch 10 Stücke! Einige Zeit darauf : lieber gar 19! — und indem er dabei Streit anfing, erwachte er und sah, dafs er nichts in der Hand hatte. Er machte die Augen wieder zu, streckte die Hände aus und sagte : gib her — es sollen meinetwegen nur 9 Geldstücke sein.

4.

Eines Tages kaufte er 9 Eier um einen Stüber, ging an einen anderen Ort und verkaufte ihrer 10 um denselben Preis. Als man den Meister fragte : Warum verkaufst du nun 10 um eben so viel, als du erst 9 gekauft hast? sagte er : Es ist bei dem Schaden auch Nutzen : unsere Freunde sollen uns in lebhaftem Handelsverkehr sehen.

5.

Eines Tages ging auf des Meisters Grund ein Ochse. Als der Meister es sah, nahm er einen Stock in die Hand, und als er auf den Ochsen los kam, lief dieser weg. In der folgenden Woche, als er den Ochsen, an einen Bauernwagen gespannt, gehen sah, nahm der Meister sofort einen Stock zur Hand, lief hin und gab dem Ochsen etliche Schläge. Als der Bauer sagte : He, Mensch, was willst du von meinem Ochsen? erwiederte er ihm : Mach keinen Lärm, dummer Hund! der da kennt seinen Fehler!

6.

Eines Tages wollten die Jungen von Weifsenstadt (Akschehir) den Meister in das Bad mitnehmen und verabredeten sich, Jeder sollte heimlich ein Ei zu sich stecken, dann wollten sie alle auf einmal in das Bad kommen, sich ausziehen, nach Innen gehen, und nachdem sie sich auf den Seifstein gesetzt, zu einander sagen, kommt, wir wollen mit einander Eier legen; wer kein Ei legen kann, der soll das Badegeld bezahlen. Alsbald gluckten sie wie Hühner, erhoben ein Geschrei und legten jeder die mitgebrachten Eier auf den Stein nieder. Als sie der Meister so sah, blies er sich sogleich wie ein Hahn auf und fing an zu krähen. Als die Jungen sagten: Meister, was machst du da? antwortete er: Haben so viele Hühner nicht einen Hahn nöthig?

7.

Der Meister Nasr-eddin ging einst an das Ufer eines Flusses und setzte sich dort nieder. Da kamen zehn Blinde und machten mit dem Meister aus, er sollte sie, Einen nach dem Andern, für je einen Pfennig über den Fluſs bringen. Als nun der Meister sie Einen um den Andern hinüberbrachte, erfaſste Einen davon das Wasser des Flusses und führte ihn hinweg. Die Blinden fingen zu schreien an. Der Meister sagte: Warum macht Ihr ein Geschrei? gebt mir eben um 1 Pfennig weniger!

8.

Als der Meister Nasr-eddin eines Tages auf dem Markte umherging und da einem Menschen begegnete, der ihn fragte: Meister, ist heute der 3. oder der 4. im Monat? antwortete er: Ich weiſs es nicht, denn ich handle nicht mit Monaten.

9.

Eines Tages nahm der Meister eine Leiter auf seine Schulter, trug sie fort und setzte sie an die Mauer eines Gartens, stieg hinauf, zog sie sodann nach sich und stieg hinein. Als ihn der Gärtner sah und ihn fragte: Wer bist du und was suchst du hier? lief der Meister eiligst auf die Leiter zu und sagte: Ich verkaufe Leitern. — Der Gärtner sprach: Verkauft man Leitern hier? Der Meister antwortete: O du einfältiger Mensch! die Leiter wird verkauft, wo es immer sei.

10.

Als der Meister eines Tages am Ufer eines Flusses seine Waschung verrichtete, nahm ihm das Wasser seinen Schuh weg und führte ihn fort. — Der Meister sah, daſs sein Schuh dahin sei, trat sofort an den Uferrand hinaus, lieſs einen Wind und sagte: da nimm deine Reinigung zurück, und bring meinen Schuh wieder!

11.

Der Meister Nasreddin hatte ein Lamm, das er mit Fleiſs auferzogen. Eines Tages thaten sich einige seiner Freunde zusammen und sprachen: Wir wollen aus des Meisters Händen sein Lamm nehmen und essen. Es kam vorerst Einer von ihnen und sagte: He, Meister, morgen bricht das jüngste Gericht herein; was machst du dann mit diesem deinem Lamm? — Bring es, wir wollen es essen. Da ihm der Meister nicht glaubte, so kam wieder Einer und sprach ebenso. Der Meister hielt es nun für wahr, und wirklich schlachtete er das Lamm, nahm es auf den Rücken, ging damit auf einen Spazierweg, zündete Feuer an und fing an das Lamm zu braten. Von ungefähr zogen seine Kameraden sich aus, übergaben ihre Kleider dem Meister und gingen nach verschiedenen Seiten um zu spielen auseinander. Der Meister warf nun sämmtliche Kleider ins Feuer und verbrannte sie. Als die Gesellschaft einige Zeit darauf vom Springen einen wahren Soldatenhunger bekommen und zurückgekehrt war, sah sie, daſs alle ihre Kleider verbrannt und zu Asche geworden waren. Sie fragten den Meister: Wer hat diese verbrannt? Der Meister sagte: Morgen soll ja das jüngste Gericht hereinbrechen, wozu braucht man da solche Sachen?

12.

Eines Tages entlehnte der Meister von seinem Nachbar einen Kessel, und nachdem er ihn gebraucht, legte er in den Kessel eine kleine Schüssel und brachte ihn so dem Eigenthümer. Der Eigenthümer sah, daſs in dem Kessel eine kleine Schüssel war, und fragte: Was ist dies? Der Meister antwortete:

Der Kessel hat geboren. Der Mensch nahm die Schüssel an. Eines Tages brauchte der Meister den Kessel wieder, holte ihn, brachte ihn in sein Haus und benutzte ihn. Der Herr des Kessels sah einen bis 5 Tage zu und bemerkte, dafs der Kessel nicht zurück kam. Da ging er vor das Haus des Meisters und pochte an die Thür. Der Meister kam zur Thüre und fragte: Was willst du? „Ich will meinen Kessel." Der Meister sprach: Mögest du gesund bleiben! Der Kessel ist gestorben. Als nun der Mensch sagte: Stirbt denn je ein Kessel? erwiederte er: Da du doch geglaubt hast, er habe geboren, willst du nicht auch glauben, dafs er gestorben ist?

13.

Eines Tages sah der Meister, dafs am Rande einer Quelle eine Menge Enten spielten. Der Meister meinte: Ich will sie mir fangen, und lief hin; sie aber entflohen. Da nahm der Meister ein wenig Brod in die Hand, tunkte es ins Wasser und afs es. Als ein Mensch kam und ihn fragte: Was issest du da? sagte der Meister: Ich esse Enten-Sauce.

14.

Eines Tages schickte man den Meister mit einer Gesandtschaft nach Kurdistan. In Kurdistan angekommen, bereiteten die Kurdenfürsten dem Meister ein Gastmahl und luden ihn dazu ein. — Der Meister zog seinen Festpelz an, und nachdem er am Ort der Einladung sich eingefunden, liefs er einen Wind. — Als der Vorgesetzte des Meisters ihm sagte: Herr! du hast gef..zt und Schande aufgehoben, erwiederte der Meister: Das sind Kurden! Was sollen sie vom türkischen F..zen verstehen?

15.

Eines Tages wünschte der Meister unter der Erde einen Stall zu machen; beim Graben stiefs er auf den Stall eines der Nachbarn und sah, dafs dort viele Ochsen waren. Der Meister freute sich dessen, kam nach Hause und sagte: He, Weib, ich habe einen aus den Zeiten der Ungläubigen übergebliebenen Stall Ochsen gefunden; was gibst du mir als Belohnung?

16.

Nasreddin hatte zwei Töchter, und beide kamen eines Tages zu ihrem Vater. Er fragte sie: Wie lebt Ihr immer, meine Töchter? Es hatte aber die Eine von ihnen einen Landmann, die Andere einen Ziegelbrenner zum Mann. — Die Eine sprach: Mein Mann hat viel Samen ausgesäet; wenn es regnen wird, so wird mein Mann mir ein Kleid machen lassen. Die Andere sagte: Mein Mann ist Ziegelbrenner; er hat eine Menge Ziegel geformt; wenn kein Regen einfällt, wird mein Mann mir ein Kleid machen lassen. — Der Meister sagte: Eine von Euch hat das Beste erwählt, aber welche, das weiß ich nicht.

17.

Eines Tages ging Nasreddin in Akschehir spazieren und sprach bei sich: O Herr, schenke mir 1000 Goldstücke! wenn aber Eines fehlt, nehme ich sie nicht an. Der Meister hatte aber einen Juden zum Nachbar, der hörte ihn und that, um eine Probe zu machen, neunhundert und neun und neunzig Goldstücke in einen Beutel und warf sie durch den Schornstein des Meisters hinab. Der Meister sah, daſs ein Beutel mit Gold da lag, sprach: Mein Gebet ist erhört worden: öffnete den Beutel, zählte die Goldstücke und sah, daſs eines fehlte. Da sagte er: Wer dieses gegeben, der wird auch das Andere geben, und verwendete sie. — Jetzt packte den Juden die Angst; er klopfte an des Meisters Thüre und sprach: Einen glückseligen Morgen, Meister! Gib mir nun jene meine Goldstücke wieder. Der sagte zum Juden: Kaufmann, bist du ein Narr geworden? Ich habe sie von dem höchsten Wesen erbeten, und dieses hat sie gegeben; wie wärest du im Stande, mir Gold herzuwerfen! Der Jude sprach: O liebe Seele, Meister! ich habe es, um dir einen Spaſs zu machen, gethan. Der Meister antwortete: Ich verstehe den Spaſs nicht. Der Jude sagte: Du hattest doch gesagt, wenn Eines davon fehlen sollte, nehme ich sie nicht an, deſshalb habe ich sie herabgeworfen; worauf der Meister erwiederte: Ich habe die Goldstücke verwendet. Der Jude sagte: Komm, wir wollen vor Gericht gehen. Der Meister: Ich gehe nicht zu Fuſs nach dem Gericht. Der Jude brachte dem Meister ein Maulthier. Der Meister sprach: Schön! aber ich brauche einen Pelz um die Schultern. Der Jude brachte auch noch einen Pelz. So erhoben sie sich und gingen vor Gericht zu Sr. Gestrengen, dem Richter. Als der Richter seine Frage gestellt, sagte der Jude: Dieser Mensch hat mir so und so viel Goldstücke genommen, und jetzt leugnet er es. — Der Richter sah nun dem Meister ins Gesicht, und der sprach: Mein Gebieter, ich habe gewiſs und wahrhaftig von dem höchsten Wesen 1000 Goldstücke erbeten, und es hat mir sie gegeben. Ich zählte sie aber, und es fehlte Eines. Ich sagte zu mir: nun es einmal so ist, wer so viel Goldstücke gegeben, der gibt auch jenes Eine, und ich verbrauchte die Goldstücke. Am Ende, mein Gebieter, kommt dieser Jude auch noch als Eigenthümer dieses Pelzen, den ich um meine Schultern trage, und des Maulthiers, das ich geritten, heraus! Der Jude rief: Auch diese gehören mein, mein Gebieter! — Da hieſs es: Fort mit dir, Spitzbuben-Jude! Man zerbläute ihm den Kopf und warf ihn aus dem Gerichte hinaus. Man erzählt nun, daſs der Meister jetzt auch vom Pelz und Maulthier Besitz nahm und nach Hause zurückkehrte.

18.

Einst hatte der Meister seinen Esel verloren und fragte bei Jemanden nach ihm. Der Mensch sagte: Ich habe ihn gesehen, er ist da und da Richter geworden. Der Meister antwortete: Du sprichst da ganz richtig: ich wuſste selbst, daſs er Richter werden würde. Denn wenn ich dem I'mad Unterricht gab, so hat jener Esel die Ohren gespitzt und zugehört.

19.

Eines Tages kam an des Meisters Haus ein Mann und wollte seinen Esel haben. Der Meister sagte: Der Esel ist nicht im Hause. Durch eine Fügung des Zufalls schrie eben im Hause drinnen der Esel. — Der Mann sagte: He Meister, du sagst, der Esel ist nicht hier? er schreit ja drinnen. Der Meister antwortete: Was bist du für ein sonderbarer Mensch, da du einem Esel glaubst, mir aber, trotz meinem Graubarte, nicht glauben willst.

20.

Zur Zeit des Meisters Nasreddin erschienen drei christliche Mönche, in allem Wissen ausgezeichnet, und zogen durch die Welt. Auf ihrer Reise kamen sie auch in das Gebiet Sultan A'la-eddin's, der sie einlud, seinem Glauben beizutreten. Die drei antworteten: Wir haben ein Jeder von uns eine Frage bereit; könnt Ihr darauf Antwort geben, so wollen wir zu Eurem Glauben übertreten. In solchem Vertrage wurde man denn auch einig. Sofort versammelte Sultan A'la-eddin alle seine Weisen und Aeltesten des Reiches, aber von ihnen Allen war keiner im Stande, die Antwort zu geben. Sultan A'la-eddin gerieth in Zorn und rief: So findet sich denn in diesem, meiner Herrschaft unterworfenen Reiche kein Einziger, der diesen Antwort stehen könnte! und seufzte darüber. Da sprach Einer: Vielleicht kann auf diese Fragen, die sonst Niemand zu lösen versteht, der Meister Nasreddin Antwort geben. Sogleich ertheilte der Kaiser Befehl, und an Nasreddin wurde ein Courier entsandt. Der machte sich eiligst auf den Weg, traf den Meister und richtete ihm den Befehl seines Herrn aus. In derselben Stunde sattelte Nasreddin seinen Esel, befahl dem Boten, ihm voranzureiten, und kam schnurgerade in den Palast A'la-eddin's. Er stellte sich dem Herrscher vor, bot ihm seinen Gruß und wurde wieder von ihm begrüßt und zum Sitzen eingeladen. Der Meister setzte sich, segnete den Sultan und sprach: Nachdem Ihr mich gerufen, was ist Euer Befehl? Sultan A'la-eddin erzählte sein Anliegen, worauf der Meister fragte: Was habt Ihr für Fragen? Es kam nun einer der Mönche hervor und sagte: Meine Frage, edler Herr, heißt: Wo ist der Mittelpunkt der Welt? Der Meister stieg von seinem Esel ab, zeigte mit

seinem Stab auf den einen Vorderfuſs des Esels und
sagte: Sieh', der Mittelpunkt der Welt ist die Stelle,
auf welcher der Fuſs meines Esels stehen geblieben. Der
Mönch sprach: Woher weiſs man das? Der Meister ant-
wortete: Wenn Du nicht daran glaubst, wohlan so miſs es;
sollte irgend etwas daran fehlen, so rede danach. Es trat
nun ein anderer der Mönche vor und fragte: Welches ist die
Zahl der an diesem Himmel sichtbaren Sterne? Der Meister
antwortete: So viel mein Esel Haare auf sich hat, eben so
viel Sterne sind es. Der Mönch fragte: Woher weiſs man
das? — „Wenn Du es nicht glaubst, so komm und zähle;
findest Du einen Fehler dabei, dann erst rede." — Der Mönch
sprach: He, lassen die Haare auf einem Esel sich zählen?
Der Meister antwortete: He, und so viel Sterne, lassen die
sich zählen? — Der dritte der Mönche kam nun heraus und
sagte: Wenn Du auf meine Frage Antwort zu geben weiſst,
so werden wir alle drei uns bekehren lassen! Der Meister
sprach: Rede und laſs hören! Der Mönch sagte: Wohlan,
Meister, wieviel Haare hat dieser mein Bart? Darauf der
Meister: Zähle, er hat genau so viel, als in dem Schwanz
meines Esels sich finden. Der Mönch sagte: Woher weiſs
man das? Der Meister: He, liebe Seele, wenn Du es nicht
glaubst, komm und zähle! Der Mönch wollte auf dies Ab-
kommen sich nicht einlassen; der Meister aber sagte:
Wenn Du nicht zufrieden bist, so komm, wir wollen immer
Ein Haar aus Deinem Bart, und Eines aus dem Schwanz des
Esels reiſsen und sehen was herauskömmt. Der Mönch sah
ein, daſs dieses nicht anging, und kam auf die Wege des Glau-
bens. Sogleich vereinigte er seine Gefährten, indem er sagte:
Seht, ich bin bekehrt. So traten denn auch jene Beiden von
Herz und Seele dem muslimischen Glauben bei, und sie
alle drei wurden dem Meister verpflichtet.

21.

Nasreddin legte eines Tages auf ein groſses Kabaret drei
Pflaumen und wollte sie dem Fürsten zum Geschenke bringen.
Auf dem Wege rollten die Pflaumen hin und her. Der

Meister rief: Hört auf zu tanzen, oder ich esse euch gleich auf. Da die Pflaumen abermals tanzten, so aſs er ihrer zwei; die eine übrige brachte er auf dem Kabaret und präsentirte sie dem Fürsten. Der freute sich über die vom Meister gebrachte Pflaume und schenkte ihm eine hübsche Summe. Der Meister, nach Hause gekommen, nahm einige Tage später rothe Rüben, um sie wieder dem Fürsten zu bringen. Da begegnete er einem Menschen, der ihn fragte: Wem bringst du dieses? Auf die Antwort: „Ich bringe es dem Fürsten," sagte der Andere: Wenn Du dem Fürsten statt dessen Feigen bringen wolltest, würde es noch willkommener sein. — Der Meister ging hin, nahm einige Pfund Feigen und brachte sie. Der Fürst gab sofort Befehl und ließ sämmtliche Feigen ihm an den Kopf werfen. Während man sie ihm an den Kopf warf, dankte der Meister laut Gott. Als man ihn fragte, wofür dankst Du denn? antwortete er: Ich wollte eine grofse Last rothe Rüben bringen; auf dem Wege hat mir Einer diesen anderen Rath gegeben; hätte ich rothe Rüben gebracht, so wäre mir der Kopf zerschlagen worden.

§. 19.

Memâlĭj-i dewlét-i ʿalijjé¹)-ilé Ingbilterá-memâlijĭ²) bejnindé³)
(Den) Königreichen der Pforte hohen und Englands Königreichen zwischen
 mewdschûd olán münâsebât-i tidschâretĭn⁴) bir-qat-dahá⁵)
 vorhanden seiend Verbindungen des Handels nochmals
  tawsíʿ we teshîlĭ ʾimnindé⁶) muʿâhedé-iqadîmé-i
  der Erweiterung und Erleichterung wegen des Vertrags alten
   tidschâretĭ taʿdîlén ŭ müdscheddedén⁷) ʿaqd olunán⁸)
   des Handels zur Abänderung und erneuert abgeschlossenen
    tidschâret-muʿâhedesinĭŭ
    (des) Handels-Vertrages
     ßürét-dir*).
     Copie-ist.

Birindschí máddé⁹) : ʿUhûd-i¹⁰) mewdschûdé-ilé In-
Erster Artikel : die Verträge vorhanden durch Eng-
ghilterá-tabʿá we sefâʾininé¹¹) iʿthâ (2) olunmúsch olán
lands-Unterthanen und Schiffen gegeben seiende
 kjâfé-i ḥuqûq¹²) u imtijâſât u muʿâfijját | ʿuhûd-i
 Gesammtheit der Rechte und Privilegien und Befreiungen der Verträge

---

*) Um sich die Construction zu verdeutlichen, beginne man mit dem Schlusse und lese nach rückwärts : *[Dies ist]* die *Copie des Handelsvertrags, der abgeschlossen wurde zur Abänderung und Erneuerung des älteren Vertrages, [der geschlossen wurde] zur Erweiterung und Erleichterung der Handelsbeziehungen, welche vorhanden sind zwischen den Ländern der hohen Pforte und den englischen Provinzen.*

¹) Ueber die Iṡâfet-Verbindung vgl. §. 87. — ²) Unbestimmte Genitiv-Verbindung §. 88. — ³) Wörtl. in ihrem Zwischenraum. — ⁴) Von einer Wortverbindung erhält nur das letzte Glied die Flexions-Endungen (Nr. 144). — ⁵) Wörtl. ein *Mal* noch, hat die komparative Bedeutung stärker als das bloſse *dahd* : zur gröſseren Erweiterung u. s. w. — ⁶) Wörtl. : in ihrer Absicht (zinn, arab. *das Innere, die Absicht*). — ⁷) Arab. adverbiale Accusative (§. 315) : im *Wege des Abänderns* (wer? §. 274 b). — ⁸) ʿaqd olunmáq *Abschluſs gemacht werden* Nr. 118. — ⁹) Eigentl. *Stoff, Materie*. — ¹⁰) مهود arab. Plur. zu عهد ʿahʾd; das folgende Partic. im Femin. §. 89, 8. — ¹¹) سفن ar. pl. v. سفينة sefîné. — ¹²) حقوق ar. pl. v. حقّ ḥaqq *Recht*.

meakjürenfü (3) ischbú muqāwalé-nāmé-ilé ta'dîl - oluna-
crudihnien   *diese Vertrags-Schrift durch   abgeändert wer-*
dscháq-olán schará'ithí¹) bi'l-istifná | hālán (4) we
den werdende Punkte   mit Aufnahme   für jetzt   und
istiqbālán taβdíq qylynmýsch || we bír-de tharéf-i
zukünftig   rind-bestätigt-worden   und [zugleich (von)Seiten
dewlét-i 'alījje - dén bi'l - dschümlé düwél-i²) (5)
der Pforte   hohen   in Gesammtheit der Regierungen
sā'iré   tab'á   we scfíneleri ilé   tidschāret ü
übrigen (ihren) Unterthanen und Schiffen und (ihren)Handels- und
sejr-sefā'ininé el-hālé hāsf³) i'thá (6) olunmúsch we
Verkehrs - Schiffen in diesem Augenblick gegeben seiend und
müstaqbil-dó i'thá - oluná biledschél· we-jāchód isti-
in Zukunft   gegeben - werden   könnend   oder zu
fādesiné meságh (7) gjösteriledschék olán kjāfé-i
ihren Genufs Erlaubnifs   gezeigt werdend seiend Gesammtheit
huqûq we imtijāfzāt we mu'āñjjātá Inghilterá-tab'á
der Rechte und Privilegien und Befreiungen   Englands - Unterthanen
(8) we sefíneleritlé tidschāret ü sejr sefā'ininín dahý
und ihren Schiffen Handels- und Verkehrs-Schiffen auch
nā'íl we hā'ífz olmalarý machβoβán (9) meschrûth
erlangend und besitzend ihr Sein   ausdrücklich   wird
bulunmúsch-dur. (10) Ikindschí māddé : Haschmetlí
bedingt.   Zweiter   Artikel :   Erhaben
Inghilterá-qyrālytschasý hażretleri tab'á (11) wejāchód
Englands Königin   ihrer Majestät Unterthanen   oder
wekíl'leri memālíj-i mahrüsé-i schāhāneniñ her-bir-
Vertreter (der) Königreiche wohlbewachten kaiserlichen an-jedem-
tharafyndá, gerék dāchilén⁴) (12) bei· ü schirá etmék
Orte,   ob nun eingehend   Verkauf und Kauf machen
we gerék dyscharyjá ichrādsch ejlemék mürādílá
ob man   nach Aussen Ausgang   machen mit seiner Absicht
memālíj-i dewlét-i (13) 'alījjé mahβülāt-i ar-
der Königreiche der Pforte   hohen (von den) Produkten natür-

---

¹) شَرَائِطْ ar. pl. v. شَرْط scharth. — ²) دُوَل ar. pl. v. دَوْلَت dewlét. — ³) هٰذِهِ ar. Pron. demonstr. fem. zu masc. اهٰذَا hāsā dieser. —
⁴) Arab. adverb. Accus. §. 315.

II. Abtheilung.   6

42

zïjjé we βanä'ïjjesindén olán her türlü eschjäjý bi-lä
lichen und künstlichen seiend jede Art Sachen ohne
(14) istifná mübäje'é wü ischtirá etmejé me'esûn
Ausnahme Verkauf und Kauf zu machen befugt
oladschaqldr-dyr we dewlét-i 'altjjé biñ (15) sekífz
sie werden sein und der Pforte hohen Tausend acht
jüfz otüfz sekífz sencsí scho'br Agostosunúñ on
hundert dreißig acht sein Jahr des Monats August zehn
altyný türichíld (16) mün'aqíd olán tidschärét mu'ä-
sechs mit seinem Datum abgeschlossen seiend Handels-Ver-
hedesinfñ ikindschí mäddesí iló memälíj-i dewlét-i
trages zweiten seinen Artikel durch der Königreiche der Pforte
(17) 'altjjenïñ mahʒülät-i fzarü'ét wo sä'ir her new
hohen Produkte des Ackerbaus und übrige jede Art
mahʒülätý haqqyndá hor türlü (18) jéd-i wähid uβü-
ihre Produkte in ihrem Betreff jede Art Monopol ihre
lunú resmén ilghá wü ibthäl we-keñä-
Gepflogenheit ausdrücklich Zurücknahme und Aufhebung und des-

S. 14. lík o-mefellí emta'é¹) we eschjä | ischtiräsý
gleichen derartige Waaren und Sachen | ihr Kaufen
we jüchód eschjä-i marqümenïñ ba'd el-mübäja'é
oder der Sachen der bezeichneten nach dem Verkauf
bir-mehalldán dïgér (2) bir mehallá naql-itschín
von einem Platz andern an einen Platz des Transportirens wegen
hükjümét-i mehallïjje-dén werilén tes-
(von) den Obrigkeiten örtlichen gegeben werdender (Erlaub-
keré uʒülunú (3) laghw etmejí resmén
niß)scheine ihre Gepflogenheit Aufhebung zu machen ausdrücklich
te'ahhüd bujurmúsch olmasílá²) | Inghilterá
Verpflichtung beliebt habend wegen ihres Seins | (die) Englands-

---

¹) هامل ar. pl. v. متاع muta'. — ²) Nach rückwärts : und (wegen
ihres beliebt haben d. i.) weil (die hohe Pforte) beliebt hat die ausdrück-
liche Verpflichtung, aufzuheben die [bisherige] Gepflogenheit der Erlaub-
nißscheine, welche von den örtlichen Behörden gegeben wurden, wegen des
Transports der Waaren, nach ihrem Verkauf, von einem Orte an den an-
dern u. s. w.

tab'asynÿ ḥükjümét-i (4) meḥallïjjedén teskeré
Unterthanen (von) den Obrigkeiten   den örtlichen Erlaubnifsschein
achs-yná idschbár zimnindé wuqǘ buladscháq
zu ihrem Nehmen Zwingens   wegen   Statt finden sollende
her türlü taβdïätÿ (5) chilâf-i 'a'hd   bir harekét
jede Art Belästigungen   Verletzung des Vertrags   ein Benehmen
naçarïlá   baqyladscháq¹) | we bu harcketé
mit Anschauung   wird betrachtet werden | und dies Benehmen
idschtisár etmék (6) tü'hmétïlé   mütchhém   oladscháq
zu wegen   mit Vorwurf   angeklagt   werdende
wüfzará-i 'içám ²) we me'cmürin-i ³)   sü'iré   tharáf-i
Vesiere grofse   und Beamten   übrige (von) Seite
dewlét-i (7) 'alïjjedén der ḥûl   schedïdén te'edîb-olunа-
der hohen   Pforte im Augenblick   stark   werden bestraft
dscháq | we   bu sebeb-dén nâschï⁴) giriftár (8)
werden | und (aus) dieser Ursache entstehend   ergriffen
oldughú   kjáfé-i   éarár   u fzijänÿ   lâ'ïqïlé
der Sriende   das Ganze   des Schadens und   Verlustes   nach Gebühr
ifbát-á   muqtadír oladscháq-olán Inghilterá (9) tab'а-
zu beweisen   im Stande   sein werdenden   Englands   Unter-
synÿñ ḥuqüqú kjämilén   ihqáq-bujuruladscháq-dyr.
thanen   ihre Rechte   vollständig   zu befriedigen wird befohlen werden.
(10) Ütschündschü mäddé : Inghilterá tüddschár
Dritter   Artikel : (die) Englands   Kaufleute
we jáchód wekïl'lerí memälïj-i dewlét-i (11) 'alïjjó
oder   Vertreter (der) Provinzen   der hohen   Pforte
maḥβülät-i arëïjjé we βanä'ïjjesindénolúp   dorûn-i
(von den) Produkten ländlichen und   künstlichen   seiend (im) Innern
memälïj-i 'ofmänïjedé (12) βarf   u isti'hläq itschïn
der Provinzen osmanischen   Verwendung und Verbrauchs   wegen
memälïj-i 'ofmänïjedé   bei‘ ü fürûcht etmék (13)
in den osmanischen Provinzen   Verkauf und Absatz   machen
nïjjétïlé eschjá we emta'é müβäja'é   ejlediklerí
in der Absicht Sachen   und Waaren   Verkauf   ihr gemacht werden

---

¹) Nach rückwärts : so wird betrachtet werden im Lichte eines den Vertrag verletzenden Benehmens jede Art Belästigung, welche seitens der Lokal-Behörden Statt finden sollte, um zu zwingen u. s. w. — ²) Ar. plur. v. ‏مجلس‎ 'açïm. — ³) Arab. plur. §. 69, b, 1. — ⁴) Vgl. §. 269.

ḫáldá eschjá we emta'é-i meṣkjürenín (14) ischtirá
zur Zeit Sachen und Waaren der erwähnten (in ihrem) Verkauf
wü fürüchtundá we sā'ír ídscháb-idén her türlü
und Absatz und übrigen nöthig seienden jeder Art
mu'āmelát-i tüddschárijjesinín (15) idschrá-sy esnā-
(des) Verkehres kaufmännischen seiner Ausübung in
syndá ¹) tidscháret-i dāchiljjé-ilé me'elūf olán
ihren Windungen dem Handel inneren mit gebräuchlich seiend
tab'á-i dewlót-i 'alíjjé (16) we-jāchód edschneblj-
Unterthanen der Pforte hohen oder von den
jedón ²) eñ-fzijādé mac'hár-i müsā'edé olán tüddschā-
fremden am meisten Gegenstand der Begünstigung seiend Kauf-
ryñ qażājá-i ³) (17) mümāfele-dé te'edíjjé itdikleri
leuten (in) Fällen der Aehnlichkeit (ihre) bezahlten
rüsümäty te'edíjjé-idedscheklér-dir. (18) Dördündschü
Abgaben werden bezahlen. Vierter
máddé : Tharaféjn-i mu'āhidéjn ⁴)-dén biriniñ
Artikel : (Von) beiden Seiten vertragschließenden (aus) des Einen
memālijindén we-jāchód (19) fzír-i teβarrüfündé ⁵)
Provinzen oder : unter seiner Herrschaft
bulunán meḥallardán jek-dīgeriniñ ⁶) memālijiné
befindlichen Plätzen (nach) des Andern Provinzen
we-jāchód fzír-i teβarrüfündé (20) bulunán meḥallará
oder unter seiner Herrschaft befindlichen Plätzen
gjönderilmék | üſzré ichrādsch-olunán her türlü
Geschickwerdens wegen ausgeführt werdende (von) jeder Art
eschjādán (21) bunlaryñ memālíſj-i sā'ire-jé naql-
Sachen derselben (nach) den Ländern übrigen Trans-
olunmáq üſzré ichrādsch-olundughú ḫáldá (22)
portirtwerdens wegen (im) Ausgeführt-Werdens-Augenblicke
werdikleri we-jāchód weredscheklerí rüsümāt-dán
bezahlten oder noch zu bezahlenden (ausser) den Abgaben

---

¹) Ar. pl. v. ثنى (ungebräuchlich). — ²) اجنبى edschnebí *Frem-
der*. — ³) قضايا ar. pl. v. قضيّة qażijjé *Urtheil, Fall*. — ⁴) Arab. Duale
§. 69, a. ⁵) fzír-í teβarrúf *das Unter der Herrschaft*. — ⁶) Jekdīghér, *pars*.
Einer, des, dem, den Anderen.

baschqá we fzijādé nesnć (23) alýnmajadscháq-
(noch) andere und mehr Sache wird nicht genommen wer-
dyr; we tharaféjn-i mu'āhidéjn-dén birinifi
den; und (von) den beiden Seiten Vertrag schliessenden (aus) der Einen
memālijindén we-jāchód fzîr-i teβarrüfündé (24) bulunán
ihren Provinzen oder unter ihrer Herrschaft seienden
meḥallardán jek-digerinifi memālik we-jāchód fzîr-i
Plätzen (nach) des Anderen Provinzen oder unter
teβarrüfündé (25) bulunán meḥallará naql-olunadscháq
ihrer Herrschaft seienden Plätzen transportirt werdenden
her néw'-í eschjānýfi naql u ichrādschý
jeder Art Waaren (ihres) Transports und (ihrer) Ausführung
(26) memnū'ijjetí — o mefellí eschjānýfi memālij-i
ihr Verbot — eben dergleichen Waaren (nach) Ländern
sā'ire-jé naql u ichrādschyná dahý | (1) schümūl-ú S. 15.
übrigen ihr Transport und Ausführung auch | ihr Einbegriff
ólmadýqdscha — idschrā olúnmajadscháq-dyr. Memā-
sofern nicht wäre — wird nicht ins Werk gesetzt worden. Der
lij-i dewlét-i 'alījjé maḥβūlát-i (2) arzíjjé we
Provinzen der hohen Pforte (von ihren) Produkten ländlichen und
βanā'ijjesindén olúp Inghilterá tab'asý we-jāchód
künstlichen seiend Englands Unterthanen oder
wekílleri (3) tharaflaryndán ischtirā olunadscháq
Agenten von ihren Seiten (von) den gekauft werdenden
eschjādén, gerék meḥáll-i mūbāja'é-sindén, we-gerék
Sachen ob nun (vom) Platze ihres Verkaufs, oder ob
(4) ichrādsch olunadschaghý meḥallá naqlyndá, hítsch
(nach) dem Ausführungsbestimmungs-Orts im Transport, keiner-
bir resm ü 'awā'íd [1]) muthālabé-olúnmajýp, (5) jalyñýfz
lei Abgabe und Taxen wird verlangt, nur
ichrādsch olunadschaghý eskelé - dekí [2]) qímet - í
(am) Ausführungsbestimmungsorte (dem) auf dem Tarif seinen Beitrag
üfzeriné ḥisāb (6) olunmúsch we hín-i ichrādschyndá
gemäss berechnet und (zur) Zeit seiner Ausführung
istífā [3])-olunúr jüfzdé sekifz-í tedschāwüfz etméfz
bezahlt werdend aufs Hundert sein acht Ueberschreitung nicht machend

---

[1]) Ar. pl. v. عادة 'adé. — [2]) Eskelé, franz. échelle. — [3]) l. استيفاء.

(7) bir reftijjé-resmí älynadscháq-dyr, we bu resmí
eine Ausgangszoll-Taxe wird genommen werden, und diese Taxe
te'edijjé-etmisch-olán her-bir eschjä (8) jéd-i áchará [1])
bezahlt habend jede Sache in die zweite Hand
getschmisch-olaá-bilé [2]), memälfj-i dewlét-i 'alijjenifi
wenn sie auch übergegangen wäre, der Provinzen der hohen Pforte
hitsch bir tharafyndá (9) résm-i meskjūrú tekrár-i
(an) keinem Orte Zoll erwähnten Erneuerung
te'edijjé étmejedschék-dir. Schura-sý dahý muqarrér-
des Bezahlens wird machen. Sein Rath auch ist beschlos-
dir, ki (10) sikr-olunán jüfz-dé sekífz résm-i gjöm-
sen, dafs die erwähnte von Hundert acht Zoll-
rük [3]) be-hér send jüfzdé birér tenfzíl olunaráq,
taxe in jedem Jahr von Hundert um je Eins herabgesetzt werdend,
(11) gjömrük idāré we naçāretinifi meʒārif 'amūmijje-
Zoll-Ueberwachungs- und Aufsichts - Kosten allge-
siní teawijé etmék üfzré, (12) eschjänýñ qimeti
meine Ausgleichung zu machen wegen, der Waaren ihrem Werth
üfzeriné hisáb olunmúsch jüfzdé bir resm
nach gerechnet (bis auf) von Hundert Eins Abzahl
muqarreriné (13) bi't-tedrídsch tenfzíl-qylynadscháq-dyr.
festgesetzte stufenweise wird herabgesetzt werden.
(14) Beschindschí máddé : Gerék memälfj-i mahrū-
Fünfter Artikel : Ob nun (der) Provinzen wohlbe-
senifi mahβūlāt-i arzijjé (15) we-βanā'ijjesindén
wachten (von den) Produkten ländlichen und künstlichen
olúp berrén ü bahrén Inghilterá we afiá tābi'
seiend zu Land und zur See (nach) England und diesem unterworfen
olán mchallará naql- (16) olunadscháq, we gerék
seienden Plätzen transportirt werdend, oder ob
Inghilterá we afiá tābi' olán mehallarýñ
Englands und diesen unterworfen seiender Plätze
mahβūlāt-i arzijjé (17) we βanā'ijjesindén olúp —
(von den) Produkten ländlichen und künstlichen seiend —

---

[1]) Jed *Hand*, āchár *Anderer* arab. — [2]) §. 299, S. 176. — [3]) (Nicht-
erlaubte) Liāfét - Verbindung elnes arab. W. mit türk. gjömrük = griech.
κομερκί) Worts §. 93.

ḥanghý tharíq ilé olúrsa oleún ¹) — memā-
(auf) welchem immer Weg es auch sei mag es sein — (nach) den
lfj-i (18) maḥrūsejé ²) idchāl-qylynadschāq-olán
Provinzen wohlbewachten eingeführt werdenden
her bir emta'é we eschjādán memālfj-i (19) maḥ-
(von) jeder Art Waaren und Sachen (der) Königreiche wohlbe-
rūseufū ³) o néw'-i maḥβūlāt-i arzījjé we βanā'ljje-
wachten (von) derselben Art Produkten ländlichen und künstli-
sindén ālynán rūsūmāt-dán ⁴) (20) fzijādé-i rcsm
chen genommenen Zöllen ein Mehr von Zoll
ālýnmajadschāq-dyr, we bír-de tharaféju-i mu'-
wird nicht genommen werden, und zugleich (von) der beiden Seiten Ver-
āhidéjū-dén biriniu memālík (21) we fzīr-i teβarrū-
trag schliessenden Einer Provinzen und unter ihrer Herr-
fündé bulunán sā'ír meḥallár maḥβūlāt-i arzījjé we
schaft befindlichen übrigen Plätzen (von) Produkten ländlichen und
βanā'ljjesindén (22) olán her néw'-i emta'ó we eschjānýū
künstlichen seiend jeder Art Waaren und Sachen
jek-dīgerinīfū memālík we fzīr-i teβarrūfündé bulunán
(nach der) in je Eines Provinzen und unter seiner Herrschaft befindlichen
(23) meḥallará naql u ichrādschý memnū'ljjetí —
Plätzen Transport und Ausführung ihr Verbot —
memālfj-i sā'iré maḥβulāt-i arzījjé (24) we βanā'ljje-
der Königreiche übrigen Produkte ländliche und künst-
sindén olán o néw'-i emta'ó we eschjā-já schümūlú
liche seiend derselben Art Waaren und Dinge ihr Einschluss
olmadýqdscha — idschrá (25) olúnmajadschāq-dyr. We
sofern nicht ist — wird nicht ausgeübt werden. Und
bundán-baschqá sāt-i ḥażrét-i mūlūkjāné — fzīr-dé
ausser - diesem die Person der Majestät königlichen — (die) unten
beján olunán (26) istifnā-dán mā-'adá — Inghilterá
erwähnten Ausnahmen ausgenommen — Englands

¹) Vgl. Nr. 97. — ²) Beiwort grösserer muḥammed. Städte und Pro-
vinzen. — ³) Gibt keinen Sinn und muss nach dem engl. Texte offenbar
heissen سائر‑باقى sā'ire-bāfū der übrigen (weder engl. noch türk. Länder). —
⁴) Rūsūm ist arab. plur. v. rcsm, davon doppelter arab. plur. auf ān.
Das Affix dan ist abhängig von faijādé mehr als, komparativisch.

we aňá täbï' olán meḥallarýň maḥβūlāt-i arzījjé
und diesem unterworfenen Platze ihre Produkte ländliche

B. 14. (1) we βanā'ïjjesindén olán her bir eschjānýň —
und künstliche sciend (von) jeder Art Sachen —
ḥanghý meḥalldán gelír iaé gelsín — (2) memā-
von welchem Orte auch immer sie kommen — (in) die Pro-
lǐj-i maḥrūsejé idchāl-yný men' étmemeklijí we
vinzen wohlbewachten ihren Eingang nicht zu verbieten und
Inghilterá we aňá tabï' oldn (3) meḥallardán
(von) England und diesem unterworfenen Plätzen
memālǐj-i maḥrūscjé naql u idchāl oluna-
(nach) den Provinzen wohlbewachten transportirt und eingeführt wer-
dschāq maḥβūlāt-i arzījjé (4) we βanā'ïjjcdén āly-
denden (von) den Produkten ländlichen und künstlichen ge-
nadschāq rūsūmātýň eschjānýň miqdāryná gjöré
genommenen Abgaben der Waaren ihrem Werth gemäfs
jūſzdé sekíſz (5) we-jāchód buňá muqābíl ta'rifé
vom Hundert acht oder (einem) diesem entsprechenden Tarif
mūdschibindsché muchaββáβ olúp achs olunadschāq
gemäfs bestimmt sciend genommen werdend
(6) résm-i mu'ajjan-ý tedschāwüfz étmemesini te'ah-
die Taxe bestimmte nicht zu überschreiten Vertrag-
büd bujurúr [1]). Ischbú résm-i mu'ajján eschjānýň
machung beliebt. Diese Taxe bestimmte der Sachen
(7) eskele-de-kí qímetí üſzeriné ḥisāb-olunadschāq;
auf dem Tarif ihrem Werth nach wird berechnet werden;
we eschjá-i meskjūré ba'ḥrén (8) gelmísch-isé, seſïne-
und die Sachen erwähnten zur See wenn gekommen, vom
dén qarajá ḥin-i ichrādschyndá, we berrén gel-
Schiff ans Land (in) der Zeit ihres Herausbringens, und zu Lande wenn
mísch-isé, ilk (9) gjömrükdé te'edíjjé-olunadschāq-
gekommen, (in) der ersten Douane wird bezahlt wer-
dyr. We jūſzdé sekíſz āmedíjjé resmí te'edíjjé
den. Und vom Hundert acht Einganys-Zoll bezahlt

---

[1]) Construction: Sr. Maj. (to'ahhūd bujurúr) verpflichtet sich ver-
tragsmäfsig oder setzt vertragsmäfsig fest ... (men' étmemeklijí) das Nicht-
verbieten ... und (tedschāwüſz étmemesini) das Nichtüberschreiten etc.

olunduqdán-βoūrá, (10) escbjá-i mefzbūrć istér mehĄll-i
worden sein nach   die Sachen erwähnten ab nun (am) Orte
wnβūlundá wc intér dūchíl-i memleketdé bei' ū furúcht
ihrer Ankunft oder (im) Innern   des Reichs   verkauft
(11) olunsún, ischbú eschjānjń né bāji'yndán
werden sollen, dieser   Sachen   weder von ihrem Verkäufer
we-né-de mŪschterí-sindén hitsch bir resm (12) munoch
von ihrem Käufer irgend eine Taxe   wird
thālabć-olúnmajadschaq-dyr. Andschaq eschjA-i mesnicht
gefordert werden.   Aber (wenn) die Sachen er-
kjūré memālíj-i dewlét-i 'alíjjedé (13) βarf
wähnten (in) den Provinzen der hohen Pforte   Verwendung
u isti'blūk itschín βatýlmajýp-da altý āy çarfundVerkaufs
wegen nicht verkauft werden und sechs Monate in
yndá memālíj-i dewlét-i (14) 'alíjjedén dyscharý
ihrer Zeit (aus) den Provinzen der hohen   Pforte   nach Außen
ichrūdsch olunadscháq oldughú-ḥūldá, bu maqūlé-i
ausgeführt werden sollen   in der Zeit,   diese   Sorte
eschjū birí (15) transít-eschjāsý hukmundá
Waaren eine jede   der Transit-Waaren in ihrem Betreff
tutularáq ḥaqqyndá on-ikindschí bend-dé (16) mu-
(im) gemachten Rechtsvertrag (im) zwölften   Artikel   (in) der
ḥarrér oldughú wédsch'h'lé mu'āmelé-olunadscháq-dyr;
beschriebenen Weise   wird behandelt werden;
we bu ḥūldá gjömrūklér-idāre-sí (17) tharafyndán
und in dieser Zeit der Zoll-Verwaltung   von ihrer Seite
jŪfzdé sekífz resm-i gjömrūjūń te'edíjjé olundugbunú
vom Hundert acht   der Zolltaxe   ihr Bezahltwordensein
ifbāt idedschék olán (18) tādschiré āmedíjjé-
(dem) Bestätigung machenden   Kaufmann (zwischen) dem Ein-
resmílé bend-i meskjūredé tachβíβ n ta'jín
gangszoll und (dem im) Artikel erwähnten   festgesetzten und be-
olunán transít-(19) resmí bejnindekí tefāwut-úń
stimmten Transit-   Zoll (des) dazwischenseienden Unterschieds
miqdárý iādé-olunmáq lāfzím geledschék-dír. (20)
sein Betrag zurückgegeben werden   ist nothwendig.
Altyndschý māddé: Afláq wo Boghdán wo βorb
Sechster   Artikel : Wallachei und   Moldau   und Serbiens

II. Abtheilung.   7

imārātyná ¹) gitmék-üfzré memālfj-i (21)
(nach dem) Fürstenthümern   um zu gehen (von) den Provinzen
schāhānenſû   sá'ír   tharaflaryndán   mürûr-idén
kaiserlichen (von) den übrigen   Seiten   durchpassirendem
eschjá we emta'é-i edschneblijé résm-i gjömrüjünüň ²)
Sachen und Waaren   fremden   ihrer   Zolltaxe
(22) ſikr-olunán   imārātá   hīn-i wuβūl'laryndá wo
(in) die erwähnten   Fürstenthümer zur Zeit ihrer Ankunft und
keṣālík   memālfj-i schāhānenſû (23)sá'ír tharaflarynd
desgleichen (in) der Provinzen kaiserlichen   übrige   Gegenden
gitmék - üfzré   imārât - i   meskjüredén   mürûr-
um zu gehen (aus) den Fürstenthümern   erwähnten   (der) durch-
idén eschjá (24) we emta'é-i edschnebijjenfû résm-i
passirenden Sachen   und   Waaren   fremden   ihrer
gjömrüjünüň   dewlét-i 'alījjé tharafyndán doghrudán
Zolltaxe   (von) der hohen   Pforte   ihrer Seite (bei der) di-
(25) doghrujá idāré-olunán ilk gjömrüjé wuβūl'laryndá
rekt   rervaltcten   ersten Douane bei ihrer Ankunft
te'edījjé - olunmasý   tharaféjn - i   (26) mu'ālıdéjn
ihr Bezahltwerden   den beiden Parteien   vertragschliessenden
bejnindé muqarrér-dir. Ichbú qā'idé gerék imā-
zwischen   ist festgesetzt. (Nach) demselben Massstab ob nun der
S. 17. rât-i   meskjürenfû we gerék | memālfj-i schāhā-
Fürstenthümer   erwähnten   oder | der Provinzen kaiser-
nenfû   sá'ír   tharaflarynyň   memāllj-i edschnebijjejó
lichen   übrigen ihrer Gegenden (nach) Provinzen   fremden
gjötürüledschék (2) olán mahβūlát-i arẓijjé we βana'ij-
transportirt werdende   Produkte   ländliche und künst-
jesí haqqyndá daly dschārí olaráq (3) imārât-i
liche in ihrem Betreff noch gültig seiend der Fürstenthümer
meskjuré mahβūlātynyň résm-i gjömrüjű imārât-me'cmūr-
erwähnten   ihrer Produkte   Zolltaxe   den Fürstenthümer-
laryná we memālfj-i (4) schāhāneufû sá'ír tharaflarý
Beamten und der Provinzen   kaiserlichen übrigen Gegenden
mahβūlātynyň dewlét-i 'alījjémo'cmürlaryná (5) wiri-
ihrer Produkte (den) hohen   Pforte-Beamten   wird

---

¹) Imārāt ar. pl. von لَعْار Imārét. — ²) Dieser Genitiv ist abhän-
gig von to'edūjé-olunmasý in Zeile 26.

lïp bu βūrút'ló gerék āmedíjjó wegerék reftíjjó
gegeben und auf diese Weise sowohl Eingange- als auch Ausgangs-
resmí her-ḥāldá jalyñýfz bir (6) defá ífá-qylynadscháq-
Zoll in jedem Fall wer ein mal wird be-
dyr. (7) Jedindschí māddó : Tharaféjn-i mūto'-
zahlt.   Siebenter Artikel :   Beider Parteien   vertrag-
āhidéjn ¹) tab'asynýñ dschūmlesiñó jek-dīge-
schliefsenden ihrer Unterthanen ihrer Gesammtheit in der Einen oder der
riníñ (8) memālijí we fztr-i teβarrūfūndó bulunán
andern   Provinzen   und   unter ihrer Herrschaft befindlichen
meḥal'lardá embārījjé we ikrāmíjjó we tes'hīlāt-i (9)
Plätzen   Lagergeld und   Prämien   und Erleichterungen
sā'iré we rūsūmát i'ādesí chuβūβlaryndá jerli-
sonstige und Abgaben Wiedererstattung in ihrem Betreff Landes-
tab'á-gibí mu'āmele olunadscháq-dyr. (10) Sekifzindschí
Einwohnern-gleich wird behandelt werden.   Achter
māddé : We Ingbilterá we añá tābí' meḥalları́
Artikel : Und (nach) England   und ihm unterthänige   Plätze
inghelífz sefīnclerīlé niçāmán (11) idchālý dschā'ífz
(mit) englischen   Schiffen   gesetzlich   ihr Eingang   erlaubt
olán bi'l-dschūmlé eschjānýñ 'ofmānlý sefīnolerīló
seiend insgesammt der Waaren (mit) türkischen Schiffen
daḥý idchālý (12) mūdschāfz olúp bunlardán in-
auch ihr Eingang   erlaubt   ist, und von diesen (mit) eng-
ghelífz sefīnclerīló idchāl-olunduqlarý-waqytdá i'thā-
lischen   Schiffen   wenn sie eingegangen sind   (als die)
(13) ejledikleri rūsūmātdán ²) — her ne nám ilé olúr-
gegebenen   Abgaben   (unter) welchem Namen es
isó olsún — baschqá we fzijādó resm (14) achs-olún-
auch sei   andere und mehr Abgabe   wird nicht
majadscháq-dyr; we bi'l-muqābelé dewlét-i 'alījjó
genommen werden; und mit Gegenseitigkeit (in) der hohen Pforte
memālijí we añá tābí' olán meḥal'lari (15) 'ofmānlý
ihre Provinzen und ihr unterthänigen Plätze   (mit) türkischen

---

¹) خلاصه Part. VI. *unter sich gegenseitig Vertrag abschliefsend*;
خلاصه mu'ahíd Part. III. *mit einem Andern Vertrag abschliefsend.* —
²) Der Ablativ ist abhängig von *baschqá* und *fzijādó*.

seftneleriló idchálý niǧämán dachä'ífz olán bi'l-dachůmlé
Schiffen ihr Eingang gesetzlich erlaubt seiend ingesammt
eschjänýň inghelífz (16) seftnelerilú idchálý dachä'ífz
der Waaren (mit) englischen Schiffen ihr Eingang erlaubt
olúp bunlardán 'ofmänlý sefínelerilů idchâl- (17)
ist, und von diesen (mit) türkischen Schiffen wann
olunduqlarý-háldá te'edíjjé-ejledikleri růsůmät'dán ghairý
sie eingehen bezahlten Abgaben außer
— herne nám iló (18) olúr isć olaún — baschqá
— *(unter) welchem Namen es auch sei — andere*
we fzijádé bir resm muthälabó-olunmajadschäq-dyr; we
und mehr eine Abgabe wird nicht gefordert werden; und
eschjá-i (19) meakjůré, gerék doghrudán fi'l-áβl
die Waaren erwähnten, ob nun direkt ursprünglich
ḥäʒíl oldughú meḥalldáu (20) gelaín, we gerék
producirt ihr sein vom Platze sie kommen, oder
memállj-i áä'iredén wurůd itsíu, haqqlaryndá bälä-dá
(vom) Ländern sonstigen sie ankommen, in ihrem Betreff oben
beján- (21) olunán mn'ämelé-i müteqäbiló bi-lá farq
erwähnte Behandlung gegenseitige ohne Unterschied
u temjífz dachärí oladscháq-dir. We ichrädschát
und Ausnahme wird ausgefüllt werden. Und der Ausfuhren
(22) haqqyndá dahý temämóu muqäbeló bi'l-
in ihrem Betreff auch vollkommen Gegenseitigkeit in
meſél uʒůlú dschärí olúp schöjlú ki tha-
Gleichheit sein Verfahren wird gestellt, und (zwar) so dafs (aus) der
raféjn (23) memälijindén ichrädschý niǧämán
beiden Parteien ihren Provinzen ihre Ausfuhr gesetzlich
dachü'ífz olán we jächód olá biledschók her türlü (24)
erlaubt seiend oder sein können jede Art
eschjá, gerék dewlét-i 'alíjjé we jächód In-
Waaren, ob nun (auf) der hohen Pforte oder (auf) Eng-
ghiltorá sefů'ininó tahmíl-olunsún, we gerék (25) tha-
lands Schiffen sie gebracht seien, oder ob (von) bei-
raféjn-i műteähidéjn-dén birí we jächód sä'ír bir
der Parteien Vertrag schließenden Einer oder sonst einer
memälijiudó bir limaná (26) iráál-olunsún,
in ihren Ländern (in) einen Hafen sie gesendet werden,

eschjâ-i meskjūredén dewletéjn memâlîk
(von) den Waaren erwähnten (in den in) beider Reiche Ländern
we tawābi'ātyndán ¹) | (1) bulunán mehal'lardá iehrā- S. 18.
und Dependenzen | befindlichen Plätzen Aus-
dschât-resmî müsâwât ŭfzrú âlynarâq prîm ta'bîr
gauge - Zoll Gleichheit nach genommen werdend Prim genannt
(2) olunúr ikrāmljjé aqtschesí we riisūmât - i'âdesí
seiend Vergünstigungs- Geld und Taxen - Zurückzahlung
dahý bir sijâq ŭfzrú (3) idschrâ olunadscháq - dyr.
auch Eine Weise nach wird geübt werden.
(4) Doqufzundschû mâddé : Her ne gjûné wo
Neunter Artikel : (Von) welcher Art und
hér ne nâm iló olúr isé olsún, (5) gerék hŭkjŭmót
von welchem Namen es auch sei, ob nun Obrigkeit
wo me'emūrín we gerék efrâd ¹)- nâs wo aβnâf ³)
und Beamten oder Privat-Personen und Corporationen
we jüchód bir gjūné āfâr-i ⁴) (6) nâfi'é we te'esísât-i
oder irgend eine Art Etablissement nützlich oder und Stiftungen
niçāmljjé nāmyné we mŭnâfe'iné olaráq thara-
gesetzliche in ihrem Namen und zuihrem Nutzen seiend von
fejndén birí (7) ecfâ'inindén achs olunadschâq
beiden Parteien Einer von ihren Schiffen es nehmenden
tonilâté wellmán we qylaghúfz we fenâr we qaran-
Tonnengeld- und Hafen- und Lootsen- und Leuchthurm- u. Quaran-
tanó (8) we sû'ir emfűlý ⁵) rűsűmât tharaféjn
täne- und sonstige derartige Abgaben (von) beider Parteien
memâlîk we tawābi'ātyndán bulunán mehal'lár (9) lí-
Provinzen und Dependenzen befindlicher Plätze in
manlaryudá jerlí ecfā'inindén achs olunán rűsű-
ihren Häfen (den von) nationalen Schiffen genommenen Ab-
mātá muchâlîf βűret'dé ta'jîn- (10) olúnmajadscháq-
gaben zuwider auf eine Art wird nicht festgesetzt wer-

¹) Doppelter ar. Pl. von نَوَابِع tawābi' pl. v. تَابِع tābi'e unter-
thäniy. — ²) Ar. pl. v. فَرْد fard Einzelner. — ³) Ar. pl. v. صِنْف βinf
Art, Zunft. — ⁴) Ar. plur. v. أَثَر eidr Spur, Zeichen, Monument, Gründung.
— ⁵) أَمْثَال pl. v. مِثْل mefél Beispiel, Aehnlichkeit.

dyr; we ischbú muʿāmelé-i mūteqābilé, her hanghý
den; und dieses Verfahren gegenseitige, (von) welchem
limandán gelirlér isé (11) gelainlér wo her-hanghý
Hafen sie immer kommen mögen und nach welchem
mohallá gidedschék olurlár isé olsunlár, tharaféjn
Ort immer sie auch gehen mögen, (in) beider Parteien
(12) sefā-iní ḥaqqyndá dschārī oladschāq - dyr. (13)
Schiffe ihrem Betreff wird geübt werden.
Onundschú māddé : Inghilterá qānūnú iqtiżāsyn-
Zehnter Artikel : Englands Gesetz seiner Bestimmung
dschá¹) inghelífz sefīnc-eí, dewlét-i (14) 'altjjé qā-
gemäfs ein Engländer-Schiff, der hohen Pforte Ge-
nūnú chkjämyndschá²) ʿofmānlý sefīneaí ʿadd-
setz seiner Anordnungen gemäfs ein Türken-Schiff gerechnet
olunán bi'l-dschümlé sefā'ind (15) ischbú muʿāhedejé
werdend insgesammt den Schiffen diesen Vertrag
dā'ír³) mewādd-dá⁴) tharafejndán ʿofmānlý we
betreffend nach den Artikeln von beiden Seiten als türkisch und
inghellíz sefíneaí gibí (16) muʿāmelé olunadschāq - dyr.
englisch Schiff wie wird verfahren werden.
(17) On birindschí māddé : Gerék Inghilterá we
Eilfter Artikel : Ob nun (von) Englands und
añá tābiʿ olán mehal'lár mahβūlāt-i (18) arzījjé wo
diesem unterthäniger Plätze (ihren) Produkten ländlichen u.
βanā'Ijjesindén olúp Inghilterá we jächód sā'ír bir
künstlichen seiend (auf) Englands oder sonst eines
dewlét sefā'inīlé (19) gelén, we gerék dīgér - bir
Reiches Schiffen kommend, oder ob (von) eines andern
edschnebí memālijí mahβūlāt-i arzījjé we βanā'Ijjesindén
Fremden- Reiches Produkten ländlichen und künstlichen
(20) olúp Inghilterá sefā'ininé mahjnūl olaráq wurūd-
seiend (auf) Englands- Schiffen geladen seiend ankom-
idén cmtaʿó we eschjá baʿḥr-i (21) sefíd⁵) wo qará
mende Waaren und Sachen des Mittelmeeres und schwarzen

---

¹) اقتضا Entscheidung, über جـ gemäfs vgl. §. 294. — ²) احكام
ar. pl. v. حكم ḥukm. — ³) دائر mit dem Dativ §. 293. — ⁴) موان ar.
pl. v. مادة māddá. — ⁵) Wörtlich weifses Meer.

defīlā boghāfzlaryndán getschdijí hāldā eschjá-i mar-
Meeres *Meerengen* *wann sie passiren die Waaren be-*
qūmé, gerék getirén (22) sefīnejé mahmūldn
zeichnetn, ob sie nun auf die bringenden *Schiffe* *geladen*
we gerék dīgér sefīnejé iqdārylarāq ischbū bo-
oder (auf) ein anderes Schiff ungeladen seiend diese Meer-
ghāfzlardán (23) getschmísch olsūn, we gerék memā-
engen *passirt haben,* *oder ob sie* *nach*
lij-i edschnebījjejé naql - olunmáq - ūfzró βatylmýsch-
Ländern *fremden* *um transportirt zu werden* *kann sie*
(24) oldughū - hāldá dīgér sefīnejé tahmīl olun-
verkauft worden sind (auf) ein anderes Schiff geladen zu wer-
máq we jolá - tschyqarylyndschajá (25) dejíu [1]) bir
den und *bis sie die Reise antreten* *einer*
waqýt-i mahdūd-itschín dér-i se'ādetdé [2]) transít embā-
Zeit *bestimmten wegen* *in Konstantinopel* *ins Transit-Maga-*
rījjé we memālíj-i (26) dewlét - i 'alījjenīn transít
zin und (in) der Länder *der hohen* *Pforte* *Transit-*
embārí olmaján sā'ír mehal'laryndá gjömrūklerífi |
Magazin *nicht seiend übrigen* *Plätzen* *der Douanen* |
na(āreti-altyndá bulunadscháq jeró tschyqa- S. 19.
(unter) ihrer Aufsicht *befindlichen an einem Orte heraus-*
rylsýn, eschjá-i marqūmé itschín né (2) gjūnó
gebracht werden, der Sachen bezeichneten wegen, welcher Art
olúr ísé olsūn hítsch bir resm we 'awā'íd muthālabé
es auch immer sei, *irgend eine Taxe und Abgabe* *wird nicht*
olúnmajadscháq-dyr. (3) On ikíndschí māddé : Dewlét-i
gefordert werden. *Zwölfter Artikel : die hohe*
'alījjé mūsā'adát-i tedrīdschījjé ilé berrí (4) transít
Pforte (mit) Begünstigungen auferweisen Land Transit
haqqyndá dahý jed-i iqtidāryndá [3]) bulunán bi'l-dschūmló
in Betreff noch in ihrer Gewalt befindlichen gesammten
tes'hílātý i'thā- (5) etmék arfzū-syndá bulundughundán
Erleichterungen zu geben in seinem Wunsche weil ist,
āchár memālijé gjönderilmék ūfzré memālíj-i
(nach) anderen Ländern geschickt werdens wegen (in) Provinzen

---

[1]) Wörtl. bis zu dem auf den Weg Gebrachtwerden §. 298. — [2]) Wörtl.
Pforte des Glücks; دار السعادت dārü's-sc'ādét *Haus des Glücks* ist das
Serail des Sultans. — [3]) اقتدار يد wörtl. *Hand der Gewalt*.

(6) dewlét-i ʿalījjé idchâl-olundu eschjâdân ilé jewm-
der hohen Pforte eingehenden von Sachen bis Tag-
nă hăsá âlyumaqdá olán jŭſzdé (7) ûtsch résm-i
unsern diesen im Genommenwerden seiend von 100 drei Tare
gjömrŭk der hâl jŭſzdé ikijé tenſzīl-olunarúq
des Zolls im Augenblick von 100 auf zwei herabgesetzt werdend
mârrŭ'ſ-ɛikr ¹) (8) jŭſzdé ûtsch resm ḥaqqyndá
obenerwähnt von 100 drei Tare in ihrem Betreff
schindijé-dejín dechârī olmúsch - oldughú (9) mefellī
bis jetzt laufend gewesen-sein ähnlich
ischbú jŭſzdé ikī resm emta'ó wo eschjänýſi memū-
diese von 100 zwei Tare der Waaren und Sachen (in) Pro-
lĭj-i dewlét-i ʿalījjejé (10) ḥīn-i wurſldundá te'edījjé
rinzen der hohen Pforte (zur) Zeit ihrer Ankunft wird
olunadscháq-dyr. Dewlét-i ʿâlījjé maḥṣūlătynýſl rūsū-
bezahlt werden Der hohen Pforte ihrer Produkte Aus-
mât - i (11) refūjjeaſ (jalyñýſz qaidīījó - maşârifinī
gange. Abgaben (nur (ihre) Eintragungs - Kosten
idâré-ejlemék ūſzré) jŭſzdé biró teneſzſztīl (12)
Deckung-Machens wegen) vom 100 auf Eins Herabsetzung
idedschejī mefellī ɛikr olunán transît resmī dahý —
ihr Machenwerden ähnlich der erwähnte Ausgangs-Zoll auch —
ischbú muʿáhodé- (13) taṣdīq-nämelerinm jówm-i
(von) dieser Vertrags- Bestätigungs-Documente (ihrem)Tag
mūbädelé-sindén iʿtibârán — sekīſz senedén ṣoñrá
der Auswechselung an gerechnet — acht Jahren nach
jŭſzdé (14) bir résm-i mu'ajján wo qath'yɛynú
vom 100 (auf) ein Taxe bestimmte und ihre Festsetzung
qylynadseháq-dyr. Bunúñ'lá bérâbér dewlét-i ʿalījjé
wird gemacht werden. Mit diesem zugleich die hohe Pforte
(15) bir niçâm-i machṣŭɛ ilé bu bâbdá ḥīlé wuqú-
einer Anordnung besonderen mit (in) dieser Sache Betrags-Vor-
ʿunúñ men'ī tedbīrinī (16) ichâs-etmék ḥuqū-
fall seine Verhinderung ihre Verfügung Nehmens ihre
quná muḥáfaçé ejledijinī i'lân - bujurúr. (17) On-
Rechte Vorbehalt ihr machen Anzeige beliebt. Drei-

---

¹) Wörtlich : vorangegangen in Erwähnung.

ütschündschû mäddé : Inghilterá   tab'aaý   we jáchód
sehnter   Artikel :   Englands   Unterthanen   oder
wekíl'lerí   memâlíj - i   (18) schähänedé memâlíj - i
Vertreter (in) den Ländern   kaiserlichen   der Länder
edschneblýjé   mahßûlât-i arżljé we ßanâ'ijjesindén
fremden   (von ihren) Produkten ländlichen und   künstlichen
olán eschjâ   (19) achs   u   i'thâ - sîlá meschghûl
seiende Sachen   Nehmen und   Geben - mit   beschäftigt
olduqlarý hâldé bunlár mensûb olduqlarý   (20) mem-
wenn   sind, diese herstammend seiend   der
leketlerín   emta'é we eschjäsý tidschâretiní   idén
Länder (ihrer) Waaren und   Sachen   ihren Handel   machend
ss'ír   tab'á - i   edschneblýjenín   mükelléf (21)
(der) übrigen Unterthanen   fremden   (ihre) verpflichtet
olduqlarý rüsûmâtý   idá   we   hâ'ífz olduq-
seienden   Abgaben   Bezahlung und (von ihren) besitzend seien-
larý   huqûq we imtijâfzât we mu'âfijât-dán (22) isti-
den   Rechten und Privilegien und   Befreiungen   Ge-
fâdé idedschekler - dir.   (23) On dördündschû mäddé :
nufs   werden machen.   Vierzehnter   Artikel :
Beschindschí mäddé schará'íth ü ahkjámyná istifnâ'ón
Des fünften Artikels Bedingungen und Festsetzungen ausnahmsweise
(24) ba'd-efz-ín¹) tufz we her-ne-schékl ü ßûretdé olúr-
hienach   Salz und   jede   Gestalt und   Art   es
isé - olsún   tütün   (25) Inghilterá   tab'asynýů
auch sein mag   Tabak (unter die den) Englands   Unterthanen
memâlíj-i dewlét-i 'alljjejé idchâlyná me'esûn olduq-
(in) die Länder der hohen   Pforte zur Einführung erlaubt   seien-
larý   (26) emta'é we eschjádán ma'dûd ólmajadschéq-
den   Waaren und Sachen   gezählt   wird nicht
dyr; má'a - mâ - fîh Inghilterá dewletí   tab'asý |
sein;   gleichwohl   die Englands Reichs Unterthanen |
(1) we jáchód wekíl'lerí   jiné   memâlíj - i dewlét - i S. 20.
oder   Vertreter hinwieder (in) den Ländern der hohen
'alljjedé ßarf   u   isti'hlâk itschín   (2) tufz we tütün
Pforte Verwendung und Verbrauchs wegen   Salz und Tabak

---

¹) S. 178.

mübāja'é wü fûrûcht itdikleri ḥāldá ischbú iki néw'-i
Kauf und Verkauf wenn sie machen, diese beiden Sorten
(3) eschjá achs u a'thāsý ilé me'clûſ olán tab'á-i
Sachen Nehmen und Geben mit vertraut seienden Unterthanen
dewlét-i 'alījjeníñ eñ ſzijādé (4) maçhár-i mūsā'adé
der hohen Pforte am allermeisten Gegenstand der Begünstigung
olunlarynyñ mükelléf olduqlarý tekālíſ we niçāmātá
seienden verpflichtend seienden Abgaben und Anordnungen
tābí' (5) oladschaqlárdyr. Ischbú memnū'ījjeté mu-
folgend werden sein. Diesem Verbote ent-
qābíl Inghilterá tab'asynýñ memālíj - i dewlét - i
sprechend der Englands Unterthanen (aus) den Ländern der hohen
(6) 'alījjedén ichrādsch idedschekleri tütün we
Pforte (von ihrem) Ausführung Machenwerden Tabak und
tuſzdán ba'd - eſz - ín bítsch bir gjūné (7) resm ālýn-
Salz von jetzt an (in) keinerlei Art Abgabe wird
majadscháq-dyr; faqáth tab'á-i marqūmé memā-
genommen werden; nur der Unterthanen bezeichneten (aus) den
líj-i mahrūsedéu ichrādsch (8) idedschekleri tütün
Ländern wohlbeschützten (ihre) Ausführung Machenwerden Tabaks
we tuſzúñ miqdārynyý gjömrük - idāresiné bejāná
und Salzes seinen Betrag der Zoll - Verwaltung zur Anzeige
medschbūr (9) oladschaqlárdyr, we gjömrük idāresí
genöthigt werden sein, und die Zoll - Verwaltung
bu bābdá olán ḥuqūqunú ke-má fi's sābiq (10)
in dieser Sache seiend ihre Rechte wie in der Vergangenheit
muḥāſaçé idíp; faqáth bunúñ itschín gerék qaidījjé
Vorbehalt machend; nur dessen wegen sei es Eintrags-
we gerék nám-i āchár la-hū (11) bítsch bir 'awājíd
oder sei ein Name anderer ihm keinerlei Abgaben
thaláb idémejedschék-dir. (12) On beschindschí māddé :
Forderung wird machen können. Fünfzehnter Artikel :

Tharaféjn-i fachīméjn-i mu'āhidéjn bejnindé
(Zwischen) den beiden Theilen hohen Vertrag schliessenden (zwischen)
muqarrér-dir ki (13) dewlét-i 'alījjé bārût we top
festgesetzt ist daſs die hohe Pforte Pulver und Kanonen
we esliḥá¹) we mühimmāt-i ḥarbījjeníñ memālíj-i schā-
und Waffen und Rüstungen kriegerische (in) die Länder kaiser-

¹) ar. pl. v. ح‌لم silāh.

hănejé (14) idchălynýn 'umūmán men'-i ḥaqq
lichen   ihre Einfuhr   überhaupt   ihres Verbotes (ihr)Recht
u βalăḥījjetiní muḥāfaçe bujurúr. Ischbú (15) mem-
und freie Verfügung Vorbehalt   macht.   Dieses   Ver-
nū'ijjét resmén teblígh olúnmadýqdscha, mar'ijjū'l-
bot   officiell Mittheilung solang nicht ist, beobachtet
idschrā ólmajadscháq, we jalyñýſz (16) bu mem-
in Ausführung wird es nicht sein, und nur   (in der) dies Ver-
nū'ijjeti ḥāwí oladscháq beján-nāmé-i resmí-dé βarā-
bot   enthalten werdendem Anzeige-Schrift   officiellen aus-
ḥatán ta'jín olunadscháq (17) olán ālāt we eschjā-i
drücklich bezeichnet   werdende   Instrumente und Sachen
ḥarbījjé ḥaqqyndá dschāri oladscháq - dyr.
kriegerische in ihrem Betreff geltend   wird es sein.
Wédsch'h-i muḥarrér ūfzré (18) memnū' olmaján
Die Weise   beschriebene   (auf)   verboten nicht seiend
her türlü ālāt we eschjā-i ḥarbījjé memālij-i schā-
jede Art Instrumente und Sachen kriegerische (in) die Länder kaiser-
hānejé ḥin-i (19) idchāl'laryndá niçāmāt-i meḥal-
lichen (zur) Zeit   ihrer Einfuhr den Anordnungen ört-
lījjejé tābí' olup, faqáth Inghilterá sefāreté thara-
lichen folgend seiend,   nur   Englands Gesandtschaft von
fyndán (20) bir ruchβát-i istifnā'ījjé istid'a-olunūr-
ihrer Seite   eine Erlaubniſs ausnahmsweise wenn verlangt
isé (esbāb-i qawījjé māní' ólmadýqdscha), (21) sefā-
wird (Gründe starke verhindernd sofern nicht sind),   der
retíū ischbú istid'āsyná müsā'adé olunadscháq-
Gesandtschaft (auf) diese ihre Forderung Begünstigung wird wer-
dyr; we chuβūβílá bārūt idchālý (22) memnū'
den; und insbesondere des Pulvers Einfuhr,   verboten
dejíl isé, scharā'íth-i ātījjejé [1]) tābí' oladscháq-
wenn nicht ist, den Bedingungen nachstehenden unterworfen wird
dyr, schöjlé ki ewwelén Inghilterá (23) dewletí
sein,   so   dafs erstens (von) den Englands-   Reichs-
tab'asyndán niçāmāt-i meḥallījjeníū ta'jín-ejledijí
Unterthanen (als) der Verordnungen örtlichen   vorgeschriebene

---

[1]) آكى *kommend ar.*

miqdārdán (24) fzijādé aβlán fürúcht-olúnmajadcháq-
Betrag   mehr   durchaus   verkauft wird nicht wer-
dyr — fānɪjjén bir gemſ-jūkǘ we jāchód bir miqdār-i
den — zweitens eine Schiffs-Last oder ein Betrag
(25) küllíjji bārūt   bir Ingelífz scfīncsīlé memālíj-i
grofser von Pulver (mit) einem Englands-Schiff (in) der Länder
maḥrūsenīń bir līmanyná wāβíl (26) olduqdá ischbú
wohlbeschützten einem Hafen angekommen wenn ist, dieses
scfīné me'emūrīn-i mehallíjjé tharaflaryndán
Schiff (von) der Behörden örtlichen ihrer Seite

§. 21. tachβíβ ǚ ta'jīn | (1) olunadscháq
(an einem) specialisirt und bestimmt | werdenden
bir mehallá lenghér-endāfz olaráq ḥāmíl-oldughú bārūdú
Orte Anker werfend seiend ihr geladenes Pulver
jiné (2) me'emurīn-i mūmá iléj-lím [1]) tharaflaryndán
hinwieder (von) der Behörden bezeichneten ihrer Seite
gjösteriledschék embārlará me'emūrīn-i (3) mūmá-
angezeigt werdenden in Magazine der Behörden bezeich-
iléjhimíń naçāratīlá ichrādsch olunadscháq-dyr we
neten unter ihrer Aufsicht wird ausgeladen werden und
bārūd-i meskjūrūň aβhāby (4) niçāmāt-i mathlū-
des Pulvers erwähnten seine Herren den Anordnungen vor-
bejé itbā' iderék sikr olunán embārlará giré-bile-
langten Folge leistend (in) die erwähnten Magazine werden ein-
dschekler-dir. (5) βaid-tüfenghí we pyschtóv we
treten können. Jagd-Gewehre und Pistolen und
fzīnét-esliḥa-sý ischbú bend-dó münderídsch scha-
Schmuck-Waffen (den in) diesem Artikel enthaltenen Bedin-
rūʼithá (6) tābí' ólmajadscháq-dyr. (7) On altyndschý
gungen werden nicht folgen. Sechzehnter
māddé : Inghelífz tüddschārý [2]) sefāʼininíń ba'ḥr-i
Artikel : Der Englischen Kaufleute ihrer Schiffe des Meeres
sefīd ǚ sijāb (8) boghāfzlaryndán mürūrlárītschín
weifsen und schwarzen durch ihre Kanäle des Passirens wegen
ber mu'tād lāfzím-gelén isn-sefīné-fermānlarý (9)
nach Gewohnheit nöthigen (ihre) Erlaubnifs-Schiffs-Pässe

---

[1]) §. 174. — [2]) ar. pl. v. تاجر tadschír.

dā'imá sefā'ín-i marqūmejé mümkín mertebé beklét-
immer den Schiffen bezeichneten (im) möglichen Grad nicht
mejedschék βūret'dé i'thā- (10) olunadscháq-dyr.
warten machend in einer Weise werden gegeben werden.
(11) On jedindschí māddé : ḥamūlasý memālíj-i
Siebzehnter Artikel : Ihre Ladung (in) den Ländern
dowlét-i 'alíjjedé teslím (12) olunadscháq Iughelífz
der hohen Pforte ausgeliefert werdend der Englischen
tüddschār-sefā'ínó qapudaularynýū ḥamūlajý ichrādsch
Kaufmanns-Schiffe ihre Kapitäne die Ladung einführen
idedscheklerí (13) límaná wuβūl bulduqlarý 'aqí-
werdend im Hafen wann angekommen sind so-
byndá¹) der hāl ḥamūlalarynýū manifestolarynýū
fort im Augenblick ihrer Ladung ihrer Deklaration
(14) bir βūrét-i βaḥíḥesiní gjömrük-tharafyná i'thā-
eine Abschrift authentische der Zoll - Seite ihr
etmelerí lāfzím geledschék-dir. (15) On sekifzindschí
Geben wird nothwendig sein. Achtzehnter
māddé : Gjömrükdén qatschyrylaráq idchāl olunán eschjā
Artikel : Vom Zoll entzogen werdend eingeführte Sachen
(16) dschānib-i mīrīdén muβāderé-oluná biledschék-dir,
(von) Seiten des Fiskus konfiscirt-werden werden können,
faqáth qatschyrylán eschjā (17) mo'emūrín thara-
nur geschmuggelt werdenden Sachen (von) der Behörden ihrer
fyndán tutuldughú 'aqíbyndá bunúū taqrír
Seite (im) Ergriffenwerden sofort davon Deklaration
we jāchód mazbathasý (18) bi't-tançím qatschyr-
oder sein Protokoll nach dem Reglement (als) Schmuggler-
má 'add-olunán eschjā βāḥibynýū mensūb oldughú
waare gerechneten Sachen ihres Herrn zuständig seienden
qonsolós- (19) chānejé teblígh qylynýp hítsch bir
Konsulats- Hause übermacht wird, und keinerlei
eschjā qatschyrmá oldughú lā'iqí we niçāmí
Sachen ihr Schmugglerwaare-Sein (auf) gebührende und gesetzliche
(20) wédschh'lé fābít ólmadýqdscha muβādere olún-
Weise festgestellt so lange nicht ist, wird konfiscirt wer-

---

¹) عقب das unmittelbar Nachfolgende.

majadscháq-dyr. (21) On doqufzundschú máddé : Gerék
den können.   Nennsehnter   Artikel : Ob nun
memālfj-i 'ofmānījjé we gerék añá tābí' olán (22)
der Länder osmanischen oder ob diesen folgend seienden
mehallár   maḥβūlāt-i arzījjé we βanā'ījjesí   In-
Plätze (ihre) Produkte   ländliche und kunstliche (nach den) Eng-
ghilterá dewletí memālík we fzír-i (23) teβarrüfündé
lands-Reichs-Ländern   und unter   seiner Herrschaft
bulunán meḥallará idchāl-olundughú-ḥāldá ḥaqqyndá
befindlichen Plätzen   wenn eingefuhrt werden   in ihrem Betreff
eñ fzijādé maç'hár-i (24) müsā'adé we imtijāfz
am allermeisten Gegenstand der Begünstigung und Privilegien
olán milletñ o nów'-i mahβūlāt-i arzījjé we
seienden der Nation derselben Art (ihre) Produkte ländlichen und
βauā'ījjesiné (25) olunadscháq mu'āmelenīñ 'ainý
künstlichen   zu Theil werdenden Behandlung genau dieselbe
idschrâ qylynadscháq-dyr. Düwél-i edschneblījé   tab'-á
wird ausgeübt werden. Der Reiche fremden (ihren) Unterthanen
we sefā'ín (26) we tidschārét we sejr sefāininé
und Schifen   sowohl Handels- als Verkehrs- Schiffen
Ingbilterá memālijindén we fzír-i teβarrüfündé
(in den) Englands   Ländern   und   unter ihrer Heerschaft
s. 22. bulunán | (1) meḥallardá el-ḥālé hāsí i'thá olunán
befindlichen | Plätzen   den Augenblick diesen   gegebenen
we müstaqbil-dé weriledschék we jāchód (2) istifā-
und in der Zukunft gegeben werdenden   oder   ihrem
desiné mesāgh gjösteriledschék olán ḥuqûq we
Genufs (als) erlaubt   werden gezeigt werdenden   Rechte und
imtijāzāt we mu'āfijātá (3) dewlót-i 'alījjé tab'á
Privilegien und Befreiungen   der hohen Pforte Unterthanen
we sefā'ín we tidschārét we sejr sefā'ininíñ dahý
und Schiffe sowohl Handels- als Verkehrs- Schiffe   auch
nā'ίl we ḥā'ífz (4) olmasyná müsā'adé qylyna-
erlangend und besitzend   zu ihrem Sein Begünstigung wird ge-
dscháq-dyr. (5) Jirmindschí bend : Ischbú 'a'hd-nāmé
macht werden.   Zwanzigster Artikel : Diese Vertrags-Schrift
taβdíq-olunduqdán-βofirá (6) tharaféjn-i fachíméjn-i
wenn bestätigt worden ist,   beiden Theilen   hohen

muāhidéjn bejnindé biñ sekífz jüfz otúfz
Vertrag schliefsenden zwischen Tausend acht hundert dreifsig
sekífz senesí (7) Aghostós ou altysyndá münʿa-
sekifz sein Jahr August in seinem achtzehnten abge-
qíd olán muqāwalú - námé jeriné qāʿim oladscháq
schlossenen Vertrages an seiner Statt wird aufrecht sein
(8) we taβdiq - nāmelerinfū mūbādelesí günündén
und der Ratifikationsdokumente ihre Auswechselung von ihrem Tag
iʿtibārán jirmí sekífz sené merʿijjüʾl- (9) idschrā tutula-
gerechnet zwanzig acht Jahr gültig in Ausführung wird
dscháq-dyr. Ischbū muāhadeníū ahkjāmý on dört
genommen werden. Dieses Vertrages Bestimmungen vierzehn
senejé qadár (10) āndscháq temāmén dschārí olmaghá
Jahre bis nur vollständig geltend sein
baschlajadschaghyndán tharaféjn-i muāhidejn-dén
von ihren Angefangenhaben von beiden Seiten Vertrag schliefsenden
(11) ber birí ischbū müddetfū inqizāsyndá muʿāhedé-i
jede Eins dieser Frist bei ihrer Beendigung den Vertrag
meskjūrejé jā jeñidén ruʾjét (12) we taʿdíl
erwähnten entweder von Neuem Revision und Veränderung
etmék we jāchód chabér werildijí gündén iʿtibārán
machen oder — der Benachrichtigung vom Tage an gerechnet
bir senedén (13) βoñrá fesʾch etmék teβawwurundá
ein Jahr nach — Annullirung machen in ihrer Absicht
oldughunú dīgeriné bejān-etmejé βalāhījjetí (14) ola-
ihr Sein der anderen anzuzeigen ihr Recht wird
dscháq, we jirmí birindschí sené chitāmyndá dahý
sein, und zwanzig ersten Jahres an seinem Ende auch
bu minwāl üfzré ʿaml (15) u harekét olunadscháq-
diese Weise auf Behandlung und Verfahren wird
dyr. Ischbū muāhedé memālíj-i dewlét-i ʿalījjeníñ
sein. Dieser Vertrag (in) der Länder der hohen Pforte
kjāfé-i (16) ejālātyndá jaʿní Ewrōpá we Asijá
Gesammtheit ihrer Provinzen, das heifst Europa's und Asiens
we Miβr we Afrīqanýñ memālíj-i dewlét-i ʿalījjedén
und Aegyptens und Afrika's Ländern von der hohen Pforte
(17) olán aqthār-i sāʾiresindé we βerb ilé
seienden (ihren) Gegenden sonstigen und Serbiens und

Aflâq we Boghdán imârotlerindé mertjjü'l (18)
der Walachei und Moldau in ihren Fürstenthümern gültig in
idschrâ oladscháq-dyr. Sä'ír düwél-i edschnebīj-
Ausführung wird sein. *(Von den) übrigen Reichen fran-*
jedén ischbú mu'âhedé scharä'ithinīñ ḥāwí (19)
den dieses Vertrages seiner Bedingungen Inhalt
oldughú fawä'íd-i tidschâret'dén hiββadâr olmáq
seienden (von den) Vortheilen des Handels theilhaftig zu sein
istején oldughú-ḥāldá (20) dewlét-i 'alījjé ischbú
wünschend wenn sind, die hohe Pforte diese
fawä'idí anlarí dahý mūsā'adé etmejé āmādé bulun-
Vortheile ihnen auch Begünstigung zu machen bereitwillig ihr
dughunú (21) i'lân-bujurúr. (22) Jirmí birindschí
Sein zeigt an. Einundzwanzigster
māddé : Haschmetlī Inghilterá qyrālytschasý ḥażretlerí
Artikel : Der erhabenen Englands Königin ihre Majestät
(23) ischbú 'a'hd-nāmenīñ her bir bendindé isti'mâl
dieses Vertrages (in) einem jeden seiner Artikel ent-
olunmúsch olán alfâç we ta'bīrātýñ (24) ma'ānīj-i
halten seienden Worte und Ausdrücke (von ihrem) Sinne
thabī'ījjé we βarīhesindén ſzijādé we chārídsch hítsch
natürlichem und deutlichen Mehr und drüberhinaus keinser-
bir ḥukm u ma'ná (25) istichrâdsch etmék we-nó-de
lei Ausspruch und Sinn überschreiten und auch nicht
idāré-i dāchilījjesí chuβūβunúñ idschrāsyndá
(ihrer) Verwaltung inneren ihrer Angelegenheiten in ihrer Ausübung
dewlét-i (26) 'alījjejé hítsch bir wédsch'h'lé mawâ-
der hohen Pforte (auf) irgend eine Weise Hinder-
ni' Iqā' ejlemék mūrādyndá bulúnmadughú thara-
nisse Entwurf machen in seiner Absicht ihr Nichtsein beider
S. 28. féjn | (1) mijānesindé qarârgīr bulunmúsch-dur,
Seiten | in ihrer Mitte abgemacht ist,
schú-qadár ki salthanét-i senījjenīñ sikr (2) olunán
(in) solcher Weise dafs des Kaiserthums glänzenden erwähnte
ḥuqûq-i idāré-i dāchilījjesí Inghilterá dewlétīlé
Rechte der Verwaltung inneren mit Englands Reich
mewdschûd olán 'uhûd-i (3) qadīmesí we ischbú
vorfindlichen Verträgen alten und (mit) diesem

'a'hd-nāmé ilé Inghilterá dewletí tab'aaý we emwālý
Vertrage (der) Englands Reichs Unterthanen und Güter
haqqyndá (4) i'thā bujurulmúsch olán imtijāſzātá
in ihrem Betreff gegeben seienden Privilegien
náqż - i 'alenījjí mūdschíb ólmajadschāq - dyr. (5)
Verletzung offenkundige verursachend wird nicht sein.
Jirmí ikindschí māddé : Gerék Inghilterá dewleti
Zweiundzwanzigster Artikel : Ob nun (der in) Englands Reichs
memālíjīlé teβarrūfūndé (6) bulunán meḥallarýfi
Ländern u. unter seiner Herrschaft befindlichen Plätze
maḥβūlāt-i arżíjjé weβanā'ijjesiudén olúp memā-
(von ihren) Produkten ländlichen und künstlichen seiend (in) die
líj-i dewlét-i (7) 'alījjejé idchāl olunán we gerék
Länder der hohen Pforte eingeführten oder
dewlét-i 'alījjé memālík we teβarrūfūndé bulunán
der hohen Pforte (in ihren) Ländern und u. i. Herrschaft befindlichen
(8) meḥallár maḥβūlāt-i arżíjjé we βanā'ijjesiudén
Plätze (von ihren) Produkten ländlichen und künstlichen
olúp Inghelíſz tādschirlerí (9) we jāchód wekīl'lerinſſi
seiend (mit) englischen Kaufleuten oder ihren Vertretern
Inghilterajá we jāchód memālíj-i sā'irejé naql
nach England oder nach Ländern sonstigen des Transportirens
we idchāl (10) etmék ūſzré memālíj-i dewlét-i 'alījjeníñ
und Einführens wegen der Länder der hohen Pforte
her-bir-tharafyndán mūbāja'é wū ischtirā-já (11)
an jedem Orte zum Verkauf und Kauf
muchtār u serbést olduqlarý her tūrlū eschjā we
frei und unbehindert ihr Sein (von) jeder Art Waaren und
emta'edén ischbú mu'āhedenſſi (12) scharā'íth-i mūn-
Sachen dieses Vertrages Bedingungen ent-
daridschesí mūdschibindsché ālynadschāq rósm-i gjöm-
haltenen gemäfs zu nehmenden Zoll-
rūkleríñ ta'rifesiní (13) tançím itschín bérābérdsche
taxen ihren Tarif Festsetzens wegen gemeinsam
qomisārlár naβb u ta'jín etmeklijé thara-
Commissäre Einsetzung und Ernennung zu machen die beiden
féjn-i (14) fachíméju-i mu'āhidéjn qarār wermisch-
Parteien hohen vertragschliefsenden haben beschlos-

lér - dir. Bu βūrét-lé tançĭm olunadscháq jeŭĭ
sen. (Der) Auf diese Weise festzusetzende neue
(15) ta'rifé biñ sekífz jūfz altmýach bir senesí
Tarif Tausend acht hundert sechzig Eins sein Jahr
el-afránqe teschrîn-i ewwelinîñ (16) ibtidāsý tārî-
der Franken des Oktobers sein Anfang von seinem
chindén i'tibārán jedí sené müddét'lé dschārí ola-
Datum gerechnet sieben Jahre in der Dauer geltend da
dschaghyndán (17) tharaféjn-i mu'ăhidejndén her
sein wird, von beiden Parteien vertragsschliessenden einer
birinîñ müddét-i meskjūrenîñ inqizāsyndán bir sené
jedem der Frist erwähnten von ihrem Ende ein Jahr
(18) ewwél ischbú ta'rifenîñ ru'ját we ta'dîliní
früher dieses Vertrages Revision und Abänderung
thaláb u iddi'ājá istihqāqí oladscháq-dyr,
(zur) Forderung und Beanspruchung berechtigt wird sein,
(19) we ejértschí sekifzindschí sené efnāsyndá thara-
und wenn des achten Jahres in seiner Dauer von
fejndén hîtsch birí ischbú (20) ruchβát bi'l-
beiden Theilen nicht einer diese Erlaubniss zu
quwwejí fa'alé-getîrméfz ifé, ol taqdîrdá ta'rifé
Kraft bestehend machen sollte, in diesem Falle der Tarif
ewwelkí jedí (21) senenîñ inqizāsý gūnūndén
erste der sieben Jahre ihres Endes von seinem Tage
i'tibārán dîgér bir jedí sené müddét itschîn (22)
gerechnet andere ein sieben Jahre Dauerns wegen
dahí mer'ijjû'l-idschrā tutuladscháq we hér bir
noch giltig in Ausführung wird behalten und jedes eines
jedí sené dewrinîñ tekmîlindé (23) bi - 'sinihí [1])
Sieben-Jahres eines Umlaufs bei seiner Vollendung genau ebenso
'amél-olunadscháq-dyr. (24) Jirmí ütschündschü māddé :
wird ausgeführt werden. Dreiundzwanzigster Artikel :
Ischbú 'a'hd-nāmé taβdîq olunadscháq (25) we taβ-
Dieser Vertrag ratificirt wird und die Rati-
dîq-nāmelerí dér-i se'ădet'dé ikí åy çar-
fications-Dokumente zu Konstantinopel zweier Monate in ihrer

---

[1]) Wörtl. auf sein Auge sr.

fyndá we mümkín isé dahá ewweldsché | (1) ta'- s. 24.
Friā und möglich wenn iā noch früher | aus-
áthí-olunaráq biñ sekíſz jüſz altmýsch bir senesí
gewechselt werdend Tausend acht hundert sechzig eins sein Jahr
el-afránqe sché'hr-i teschrín-i (2) ewwelinſſ birindschí
der Franken des Monats Oktobers (vom) ersten
günündén i'tibárín mer'íjü'l-idschrá tutuladscháq-dyr.
seinem Tage gerechnet giltig in Ausführung wird gehalten werden.
(3) Ischbú mu'āhedé biñ ikijúſz jetmísch jedí
Dieser Vertrag (im) Tausend zweihundert siebenzig sieben
sené-i hidschríjjesí schewwâl-i (4) scherífinſñ on
Jahr der Hidschra des Schewwal des geehrten am
doqufzundschú we biñ sekíſz jüſz altmýsch bir
neunzehnten und tausend acht hundert sechzig eins
send-i 'Isawíjjesí (5) el-afránqe nísán-ynýn jirmí doqu-
Jahres christlichen der Franken seines Aprils neunund-
fzundschú günü tāríchīlé 'aqd u tançím
zwanzigsten Tages mit seinem Datum abgeschlossen und festgesetzt
(6) olunmúsch-dur.
wird.

                 Meháll-i imzá.
                 Ort des Siegels.
'Alí   Henry Lytton Bulwer.
(L. S.)   (L. S.)

Englisch-Türkischer Handels- und Schifffahrts-vertrag

vom 21. April 1861.

Artikel 1. Sämmtliche Rechte, Privilegien und Befreiungen, welche durch die bereits bestehenden Verträge den englischen Unterthanen und Schiffen garantirt sind, mit Ausnahme derjenigen Punkte, welche durch den vorliegenden Vertrag modificirt werden, bleiben für jetzt und in Zukunft bestätigt, und zugleich wird ausdrücklich festgesetzt, daſs sämmtliche Rechte, Privilegien und Befreiungen, welche von Seiten der hohen Pforte den Unterthanen und Schiffen, und zwar sowohl Handels- als Passagierschiffen, irgend welches andern Landes entweder jetzt bereits zugestanden sind oder in Zukunft zugestanden werden könnten, oder deren Genuſs überhaupt gestattet werden kann, auch den englischen Unterthanen und Schiffen, und zwar sowohl Handels- als Passagierschiffen, bewilligt und zugestanden werden sollen.

Artikel 2. Die Unterthanen und Agenten Ihrer Majestät der Königin von England werden befugt sein, an jedem Orte des groſsherrlichen Gebietes jede Art Boden- und Kunstprodukte der Provinzen der hohen Pforte ohne Ausnahme zu kaufen *), geschehe dies nun in der Absicht, sie im Innern des Reiches umzusetzen, oder in der Absicht, sie auszuführen; und da die hohe Pforte sich durch den zweiten Artikel des am sechzehnten August des Jahres 1838 abgeschlossenen Handels-Vertrages ausdrücklich verpflichtet hat, sowohl jede Art Monopol rücksichtlich der Ackerbau- und sonstigen Produkte der Länder der hohen Pforte förmlich zurückzunehmen und abzuschaffen, als auch die Gepflogenheit der Erlaubniſsscheine aufzuheben, welche beim Kaufe derartiger Artikel oder zum Behufe des Transports derselben nach dem Kaufe von einem Orte nach dem andern von den Ortsbehörden ausgestellt wurden, so wird jede Art Belästigung, welche Statt finden sollte, um englische Unterthanen dazu zu zwingen, von den Ortsbehörden solche Erlaubniſsscheine zu nehmen, als eine Verletzung des Vertrages angesehen werden, und es werden von Seiten der hohen Pforte ihre Minister und sonstige Beamte, welche eines solchen Verfahrens mit Grund angeklagt

---

*) بيع beīʿ u. مبايعة mūbājaʿö ist im Arab. *Verkauf*, شراء schirā u. اشتراء īschtirā *Kauf*; im Türk. hat مبايعة auch die Bedeutung *Kauf*; beīʿ û schirā bedeutet das kaufmännische Geschäft überhaupt. In der Interlinear-Version ist wörtlich übersetzt, hier nach dem Sinn.

werden, sofort strenge bestraft, und zugleich der aus solchem Anlafs Ergriffene verhalten werden, die sämmtlichen Ansprüche englischer Unterthanen, sofern sie ihren Schaden und Verlust gebührend zu beweisen im Stande sind, völlig zu befriedigen.

Artikel 3. Die englischen Kaufleute oder ihre Agenten, wenn sie von den Boden- oder Kunstprodukten der Länder der hohen Pforte irgend welche Artikel ankaufen, in der Absicht, dieselben wieder zum Verbrauche im Innern des Gebietes der hohen Pforte abzusetzen, werden beim Kauf und Verkauf der erwähnten Artikel, sowie bei den übrigen nothwendigen Operationen des kaufmännischen Verkehrs dieselben Abgaben bezahlen, welche beim inländischen Handel von den Unterthanen der hohen Pforte oder den Handelsleuten der meistbegünstigten Nationen in den gleichen Fällen bezahlt werden.

Artikel 4. Von den Waaren jeder Art, welche aus den Provinzen oder den Besitzungen Eines der Vertrag schliefsenden Theile nach den Provinzen oder Besitzungen des audern Theiles ausgeführt werden, wird keine andere und keine höhere Abgabe genommen werden als die, welche bei Ausführung derselben nach anderen Ländern bezahlt wird oder inskünftige bezahlt werden wird; und es wird nie ein Verbot auf die Ausfuhr von Waaren irgend einer Art aus den Provinzen oder Besitzungen der Einen der Vertragschliefsenden Mächte nach den Provinzen oder Besitzungen der Andern gelegt werden, sofern nicht auch gleichzeitig dies Verbot auf die Ausfuhr derselben Waaren nach anderen Ländern gelegt wird. Von den Boden- und Kunstprodukten der Länder der hohen Pforte, welche von Seiten englischer Unterthanen oder ihrer Agenten gekauft werden, wird keinerlei Abgabe oder Taxe verlangt, weder am Orte des Einkaufs, noch auch während des Transports nach dem Platze, von welchem sie ausgeführt werden sollen; und wird am Ausführungsplatze ein tarifmäfsig nach dem Werthe berechneter Ausgangszoll, welcher acht Procent nicht überschreiten darf, im Augenblick der Ausführung bezahlt werden; und eine Waare, welche diese Taxe einmal bezahlt hat, wird, selbst wenn sie in die zweite Hand übergegangen wäre, an keinem Orte des Gebiets der hohen Pforte den erwähnten Zoll nochmals zu zahlen haben. Auch ist der Beschlufs gefafst, dafs die erwähnte achtprocentige Zolltaxe jährlich um Ein Procent herabgesetzt werde, bis sie stufenweise den Betrag von Einem Procent, nach dem Werth der Waare gerechnet, erreicht haben wird, welcher zur Bestreitung der allgemeinen Zollverwaltungs- und Aufsichtskosten verwendet wird.

Artikel 5. Von allen Boden- und Kunstprodukten der Provinzen der hohen Pforte, welche zu Land oder zur See nach England oder dessen Besitzungen ausgeführt werden, sowie von allen Boden- und Kunstprodukten Englands und dessen Besitzungen, welche auf irgend einem Wege nach den Ländern der hohen Pforte ausgeführt werden, wird kein anderer und kein höherer Zoll genommen werden als von den Boden- und Kunstprodukten derselben Art aus anderen Ländern, und zugleich wird kein Verbot auf die Einführung irgend welcher Boden- und Kunstprodukte aus den Ländern und Besitzungen des Einen der beiden vertragschliefsenden Theile nach den Ländern und Besitzungen des andern Theils gelegt werden, wenn nicht auch zugleich dieselben Boden- und Kunstprodukte anderer Länder gleichzeitig mit diesem Verbote belegt werden. Zugleich verpflichtet sich S. kaiserliche Majestät — die weiter unten erwähnten Ausnahmen ausgenommen — die Einfuhr jeder Art Boden- und Kunstprodukte Englands und seiner Besitzungen, mögen sie kommen, woher sie wollen, in die grofsherrlichen Provinzen nicht zu verbieten, und zugleich rücksichtlich der von den aus England und seinen Besitzungen in die grofsherrlichen Provinzen eingeführten Boden- und Kunstprodukten zu nehmenden Zollabgaben den Betrag von acht Procent, nach dem Werth der Waare berechnet, oder die Taxe, welche nach einem entsprechenden Tarif vereinbart wird, nicht zu überschreiten. Diese Taxe wird tarifmäfsig nach dem Werth der Waaren berechnet werden, und zwar wird dieselbe von den zur See gekommenen Waaren beim Ausladen aus dem Schiffe an's Land, und bei den zu Lande gekommenen bei der ersten Douane bezahlt werden. Und wenn der achtprocentige Eingangszoll bezahlt worden ist, wird in Betreff der erwähnten Waaren, mögen sie nun am Ort ihrer Ankunft oder im Innern des Reiches verkauft werden, weder vom Verkäufer noch vom Käufer irgend eine Abgabe gefordert werden. Jedoch werden, wenn die erwähnten Waaren nicht zum Verbrauche in den grofsherrlichen Provinzen verkauft, sondern binnen sechs Monaten wieder ausgeführt werden sollen, diese Waaren auf die in Artikel 12 des Vortrages beschriebene Weise als Transit-Waaren behandelt werden, und dem Kaufmanne, welcher binnen dieser Frist von Seiten der Zollverwaltung die Bestätigung der Zahlung des achtprocentigen Zolles beibringt, mufs der Betrag der Differenz zwischen dem Eingangszoll und dem im erwähnten Artikel bestimmten Transitzoll zurückgegeben werden.

Artikel 6. Es ist zwischen beiden vortragschliefsenden Theilen vereinbart worden, dafs die fremden Waaren, welche die andern Provinzen des türkischen Reiches passiren, um nach den Fürstenthümern der Walachei, Moldau und Serbien zu gehen, ihre Zolltaxe beim Eintritt in die genannten Fürstenthümer, und ebenso die fremden Waaren, welche die genannten Fürstenthümer passiren, um nach den andern Theilen der kaiserlichen Provinzen zu gehen, ihre Zolltaxe bei der ersten, direkt von der hohen Pforte verwalteten Douane bezahlen. In derselben Weise werden auch die Boden- und Kunstprodukte der genannten Fürstenthümer sowohl als die der andern grofsherrlichen Länder, welche in das Ausland geführt werden, die für die Erzeugnisse der erwähnten Fürstenthümer übliche Zolltaxe den Beamten der Fürstenthümer, und die für die Erzeugnisse der übrigen kaiserlichen Provinzen den Beamten der hohen Pforte entrichten, so dafs auf diese Weise sowohl der Eingangs- als der Ausgangszoll in jedem Falle nur Einmal bezahlt wird.

Artikel 7. In Betreff der Zurückerstattung des Lagergeldes, der Prämien und der sonstigen Erleichterungen und Abgaben werden sämmtliche Unterthanen der beiden vertragschliefsenden Theile in den Plätzen der Provinzen und Besitzungen beider gleich den Landeseinwohnern behandelt werden.

Artikel 8. Sämmtliche Waaren, die auf englischen Schiffen in England und seinen Dependenzen einzuführen gesetzlich erlaubt ist, dürfen auch auf türkischen Schiffen eingeführt werden, und es darf von diesen keine andere und keine höhere Abgabe genommen werden, welchen Namen dieselbe auch immer habe, als die, welche von denselben Waaren genommen werden, wenn sie auf englischen Schiffen eingeführt werden; und anderseits dürfen auch sämmtliche Waaren, welche auf türkischen Schiffen in die Länder der hohen Pforte und ihre Dependenzen einzuführen erlaubt ist, auch von englischen Schiffen eingeführt werden; und es dürfen von diesen weder andere noch höhere Abgaben verlangt werden, unter welchem Namen auch immer, als wenn sie auf türkischen Fahrzeugen eingeführt wären; und zwar wird diese gegenseitige oben erwähnte Behandlung ohne Unterschied und ohne Ausnahme rücksichtlich der bezeichneten Waaren geübt werden, gleichviel ob dieselben direkt aus dem Lande ihrer ursprünglichen Erzeugung oder aus andern Ländern kommen. Ebenso wird in Betreff der Ausfuhr vollkommene Gegenseitigkeit und Gleichheit beobachtet werden, und zwar so, dafs von Waaren jeder Art, deren Ausfuhr aus den Provinzen beider Theile gesetzlich erlaubt ist oder noch erlaubt werden kann, ob sie nun auf türkischen oder auf englischen Schiffen verladen werden, und ob sie nach einem Hafen der beiden vertragschliefsenden Theile oder nach dem irgend eines anderen Landes geschickt werden, in den Plätzen der Provinzen und Dependenzen beider Reiche der Ausgangszoll nach gleichem Mafsstabe genommen, und die Zurückerstattung des sogenannten Primgeldes und der Taxen findet in derselben Weise Statt.

Artikel 9. Keinerlei Abgabe, welchen Namen sie auch immer führe, ob sie nun im Namen und zum Vortheil der Regierung und der Behörden oder von Privatpersonen oder Corporationen oder irgend einer Unternehmung oder einer öffentlichen Stiftung erhoben werde : weder Tonnengeld, noch Hafen-, Lootsen-, Leuchtthurm- oder Quarantänezölle oder sonstige Abgaben der Art dürfen in den Ländern und Dependenzen eines der beiden Theile von den Schiffen des andern Theils in anderer Weise genommen werden, als dies von den nationalen Schiffen in den eigenen Häfen geschieht; und zwar wird dies gegenseitige Verfahren rücksichtlich der beiderseitigen Schiffe geübt werden, mögen sie aus welchem Hafen immer kommen, und nach welchem Orte immer abgehen.

Artikel 10. Jedes Schiff, welches nach englischen Gesetzen als ein englisches Fahrzeug, und jedes Schiff, welches nach türkischen Gesetzen als ein türkisches Fahrzeug betrachtet wird, ist rücksichtlich der Bestimmungen dieses Vertrages beiderseitig als englisches oder türkisches Fahrzeug zu behandeln.

Artikel 11. Von den Boden- und Kunstprodukten Englands und seiner Dependenzen, ob sie nun auf einem englischen Schiffe oder auf dem einer anderen Nation ankommen, desgleichen von den Boden- und Kunstprodukten anderer fremden Länder, wenn sie auf einem englischen Schiffe verladen ankommen, wird beim Passiren der Meerengen des Mittelländischen und des Schwarzen Meeres von den genannten Waaren keinerlei Zoll oder Abgabe genommen werden, mögen sie nun auf denselben Schiffen, die sie gebracht haben, oder auf ein anderes Schiff umgeladen diese Meerengen passiren, oder mögen sie, nachdem sie zum Transport nach fremden Ländern verkauft wurden, zur Verladung auf ein anderes Schiff bestimmt, ans Land gebracht und bis zum Antritt der Weiterfahrt, für eine bestimmte Zeit, zu Konstantinopel im Transit-Magazin, und an jenen Plätzen des grofsherrlichen Gebiets, welche kein Transit-Magazin besitzen, an irgend einem unter der Aufsicht der Douane stehenden Orte gelagert worden sein.

Artikel 12. Da die hohe Pforte wünscht, stufenweise jede Erleichterung rücksichtlich des Land-Transits eintreten zu lassen, die in ihrer Macht steht, so soll die dreiprocentige Abgabe, welche bis dahin von den zur Weiterbeförderung nach fremden Ländern in die Provinzen der hohen Pforte eingehenden Waaren genommen wurde, jetzt auf zwei Procent herabgesetzt werden, welche zwei Procent von diesen Waaren im Augenblick ihres Eintritts in die grofsherrlichen Länder in derselben Weise werden bezahlt werden, wie dies bei der erwähnten dreiprocentigen Taxe üblich gewesen. Und wie die hohe Pforte den Ausgangszoll ihrer eigenen Produkte auf Ein Procent herabsetzen wird (um nur die Kosten der Registrirung damit zu decken), so wird sie auch nach dem Verlaufe von acht Jahren, vom Tage der Auswechselung der Ratifications-

Documente dieses Vertrages gerechnet, den erwähnten Transit-Zoll ein für alle Mal auf Ein Procent festsetzen. Gleichzeitig aber erklärt die hohe Pforte, dafs sie sich das Recht vorbehält, zur Verhinderung von Betrugsfällen ihre Mafsnahmen zu treffen.

Artikel 13. Die englischen Unterthanen oder deren Agenten, welche sich in den grofsherrlichen Ländern mit dem Vertriebe fremdländischer Boden- und Kunstprodukte beschäftigen, werden dieselben Abgaben bezahlen und dieselben Rechte, Privilegien und Befreiungen geniefsen, wie die fremdländischen Unterthanen, welche mit den Erzeugnissen ihres eigenen Heimathlands Handel treiben.

Artikel 14. Als Ausnahme von den Bestimmungen des fünften Artikels werden inskünftige Salz und Tabak, der letztere unter welcher Form auch immer, nicht unter die Waaren gehören, welche englischen Unterthanen in die Länder der hohen Pforte einzuführen erlaubt ist; dabei aber werden die englischen Unterthanen oder deren Agenten, wenn sie sich mit dem Vertriebe von Salz und Tabak zum Zwecke des Verbrauchs innerhalb des grofsherrlichen Gebiets beschäftigen, denselben Abgaben und Bestimmungen unterworfen sein, wie die meistbegünstigten Unterthanen der hohen Pforte, welche sich mit dem Betriebe jener beiden Artikel befassen; und aufserdem wird zur Compensation für diese beiden Verbote in Zukunft von den englischen Unterthanen für die Ausfuhr von Tabak und Salz keinerlei Abgabe genommen werden. Jedoch sind die genannten Unterthanen verhalten, die Quantität des aus den grofsherrlichen Ländern ausgeführten Salzes und Tabaks den Zollbehörden anzuzeigen, und die Zollbehörden werden ihre in dieser Hinsicht von früher bestehenden Befugnisse behalten, aber deshalb weder als Registrirungsgebühr noch unter irgend einem andern Namen eine Abgabe verlangen können.

Artikel 15. Die beiden hohen vertragschliefsenden Mächte haben sich dahin geeinigt, dafs die hohe Pforte sich das Recht und die Freiheit vorbehält, die Einfuhr von Pulver, Kanonen, Waffen und Kriegsrüstung in die grofsherrlichen Länder mit einem allgemeinen Verbote zu belegen. So lange jedoch dieses Verbot nicht officiell mitgetheilt ist, darf es nicht durchgeführt werden, und kann überhaupt nur rücksichtlich derjenigen Kriegs-Instrumente und Artikel geübt werden, welche in der das Verbot enthaltenden Notification ausdrücklich benannt sind. Alle nicht auf diese Weise verbotenen Kriegs-Instrumente und Artikel werden bei ihrer Einfuhr den bestehenden localen Bestimmungen unterliegen; jedoch wird in dem Falle als von Seiten der englischen Gesandtschaft eine ausnahmsweise Erlaubnifs nachgesucht wird, dies Gesuch der Gesandtschaft bewilligt werden, sofern nicht zwingende Gründe im Wege stehen. Insbesondere wird die Einfuhr des Pulvers, wenn sie nicht verboten ist, folgenden Bestimmungen unterliegen, und zwar — 1) es wird von den englischen Unterthanen überhaupt nicht in einer Quantität verkauft werden, welche über die bestehenden örtlichen Vorschriften hinausgeht; — 2) wenn eine Schiffsladung oder sonst eine bedeutende Quantität Pulver auf einem englischen Schiffe in einem Hafen des grofsherrlichen Gebiets ankommt, so wird dies Schiff an einem von den Ortsbehörden bezeichneten Platze Anker werfen und ebenso seine Ladung Pulver in ein von den erwähnten Behörden bezeichnetes Magazin und unter der Aufsicht derselben ausladen, und die Eigenthümer des erwähnten Pulvers werden unter Beobachtung der bestehenden Vorschriften zu diesen Magazinen Zutritt haben. — Jagdflinten, Pistolen und Luxuswaffen werden von den Bestimmungen dieses Artikels nicht mitbetroffen.

Artikel 16. Die den englischen Handelsschiffen zum Passiren der Meerengen des Mittelmeers und des Schwarzen Meers der Gepflogenheit gemäfs nöthigen Schiffspässe werden denselben immer in einer Weise zugestellt werden, dafs ihnen der möglichst geringste Aufenthalt bereitet wird.

Artikel 17. Die Kapitäne englischer Handelsschiffe, deren Ladung für die Länder der hohen Pforte bestimmt ist, werden unmittelbar nach der Ankunft in dem Hafen, wo dieselben ausgeladen werden sollen, eine genaue Copie der Declaration ihrer Ladung der Douane übergeben.

Artikel 18. Waaren, welche eingeschmuggelt werden sollen, können für den Fiscus eingezogen werden; jedoch muſs von Seiten der Behörden unmittelbar nach der Arretirung der Schmugglerwaaren ein Rapport oder Protokoll der zuständigen Consularbehörde des Eigenthümers der nach dem Gesetz für geschmuggelt angesehenen Waaren übermacht werden, und keine Waare, die nicht auf die gehörige und gesetzliche Weise als geschmuggelt bewiesen worden ist, darf confiscirt werden.

Artikel 19. Jede Waare, die von den Boden- und Kunstprodukten der osmanischen Provinzen oder deren Dependenzen in die Länder der englischen Krone oder deren Dependenzen eingeführt wird, soll genau ebenso behandelt werden, wie dieselben Waaren von den Boden- und Kunstprodukten der meistbegünstigten Nation. Die an den Plätzen der Provinzen und Dependenzen Englands den Handels- und Verkehrschiffen der Unterthanen fremder Mächte für jetzt gewährten oder in Zukunft noch zu gewährenden Rechte, Privilegien und Befreiungen, oder deren Genuſs überhaupt gestattet werden kann, werden auch den Handels- und Verkehrsschiffen der Unterthanen der hohen Pforte zugestanden werden.

Artikel 20. Nachdem dieser Vertrag ratificirt sein wird, tritt er an die Stelle des am 16. August 1838 zwischen den beiden hohen vertragschliefsenden Mächten abgeschlossenen Vertrages und wird durch achtundzwanzig Jahre, vom Tage der Auswechselung der Ratifications-Documente gerechnet, in Kraft sein. Nach Verlauf von vierzehn Jahren jedoch, wo die Vorbestimmungen dieses Vertrages ihre volle Wirkung anzunehmen beginnen, wird jeder Theil das Recht haben, dem andern anzuzeigen, ob er den erwähnten Vertrag von Neuem revidiren und abändern will, oder die Absicht hat, denselben nach Verlauf Eines Jahres, vom Tage der Anzeige gerechnet, ganz aufzuheben; und ganz auf dieselbe Weise kann nach Ablauf des 21. Jahres verfahren werden. — Dieser Vertrag wird in allen Ländern der hohen Pforte, d. h. in Europa, Asien, Aegypten und den übrigen zum grofsherrlichen Gebiete gehörigen Ländern Afrika's, sowie in den Fürstenthümern der Walachei, Moldau und Serbiens Geltung haben. Sollten (einige) von den übrigen fremden Regierungen der in diesem Vertrage enthaltenen Handelsbegünstigungen theilhaft zu werden wünschen, so erklärt sich die hohe Pforte bereit, auch ihnen dieselben Vortheile zuzugestehen.

Artikel 21. Beide Theile sind darin einverstanden, dafs Ihre Majestät, die erhabene Königin von England, über den ursprünglichen und deutlichen Sinn der Worte und Ausdrücke jedes einzelnen Artikels dieses Vertrages hinaus keinerlei Bestimmung und Auslegung treffen wird, und dafs sie nicht die Absicht hat, der hohen Pforte in ihrer inneren Verwaltung irgend welche Hindernisse zu bereiten, was jedoch nur in so weit gilt, als die erwähnten inneren Verwaltungsrechte des erhabenen Sultanats den durch die alten mit England bestehenden Verträge, sowie den durch diesen Vertrag den englischen Unterthanen und ihrem Vermögen gewährten Privilegien nicht offenkundig Abbruch thun.

Artikel 22. Um einen Zolltarif für die Waaren aller Art festzustellen, welche englische Kaufleute oder ihre Agenten gemäfs den Bestimmungen dieses Vertrages berechtigt und befugt sind, sei es nun von den Boden- und Kunstprodukten Englands und seiner Besitzungen in die Länder der hohen Pforte einzuführen, oder von den Boden- und Kunstprodukten der Länder der hohen Pforte und ihrer Besitzungen — in der Absicht, sie nach England oder anderen Ländern auszuführen — an jedem Orte des grofsherrlichen Gebietes einzukaufen, — haben die beiden hohen vertragschliefsenden Theile beschlossen, Commissäre zu wählen. Indem der auf diese Weise festzustellende neue Tarif durch sieben Jahre, vom 1. October dieses Jahres an gerechnet, in Kraft sein wird, wird jeder der beiden vertragschliefsenden Theile berechtigt sein, Ein Jahr vor dem Ablaufe dieses Termins die Revision und Abänderung dieses Tarifs zu verlangen. Wenn aber vor dem achten Jahre keiner der beiden Theile von dieser Erlaubnifs Gebrauch macht, so wird in diesem Falle der Tarif, vom letzten Tage der ersten sieben Jahre an gerechnet, noch durch weitere sieben Jahre in Kraft sein; und ebenso wird nach Ablauf von je sieben Jahren immer verfahren werden.

Artikel 23. Dieser Vertrag wird ratificirt, und die Ratifications-Documente ausgewechselt werden zu Constantinopel innerhalb zweier Monate oder, wenn möglich, noch früher, und wird vom ersten Tage des Octobers des fränkischen Jahres 1861 an in Kraft treten.

Dieser Vertrag wurde am 19. Schuwwâl des Jahres der Hidschra 1277, und am 29. April des fränkischen Jahres 1861 abgeschlossen.

(Ort des Siegels.)

'Ali . Henry Lytton Bulwer.

(L. S.) (L. S.)

www.ingramcontent.com/pod-product-compliance
Lightning Source LLC
Chambersburg PA
CBHW031324160426
43196CB00007B/660